我总在好运的能量里

〔美〕埃斯特·希克斯
〔美〕杰里·希克斯——著
郑维娅——译

The Vortex

Where the Law of
Attraction Assembles
All Cooperative
Relationships

江苏凤凰文艺出版社

图书在版编目（CIP）数据

我总在好运的能量里 / （美）埃斯特·希克斯
(Esther Hicks)，（美）杰里·希克斯（Jerry Hicks）
著；郑维娅译. -- 南京：江苏凤凰文艺出版社，2025.
4（2025.4重印）. -- ISBN 978-7-5594-9310-1

Ⅰ. C912.11-49

中国国家版本馆CIP数据核字第2025TOK305号

著作权合同登记号：10-2025-16

THE VORTEX

Copyright © 2009 by Esther and Jerry Hicks
Originally published 2009 by Hay House Inc. USA

我总在好运的能量里

（美）埃斯特·希克斯(Esther Hicks)　（美）杰里·希克斯（Jerry Hicks）　著　郑维娅　译

责任编辑	项雷达
图书监制	古三月
选题策划	刘昭远
版式设计	吉冈雄太郎　姜　楠
书籍装帧	吉冈雄太郎
出版发行	江苏凤凰文艺出版社
	南京市中央路 165 号，邮编：210009
网　址	http://www.jswenyi.com
印　刷	唐山富达印务有限公司
开　本	880 毫米 ×1230 毫米　1/32
印　张	8
字　数	185 千字
版　次	2025 年 4 月第 1 版
印　次	2025 年 4 月第 2 次印刷
书　号	ISBN 978-7-5594-9310-1
定　价	55.00 元

江苏凤凰文艺版图书凡印刷、装订错误，可向出版社调换，联系电话025-83280257

前言

　　我们即将进入关系这个主题，所采取的角度或许跟你之前想过的完全不一样。渴望安全感的女孩遇上热爱自由的男孩，他们陷入爱河，他们住在一起，他们工作赚钱讨生活，他们生了小孩（在大多数情况下），他们继续整天工作、找时间休闲，他们通常会想办法训练孩子适应主流的社会文化，言行信念都要"政治正确"。假如他们活得够久，从职场退休下来，顺利的话可以终日享乐。然后呢？

　　当然，本书所包含的各种关系远不止于此，我们要告诉你的信息更广泛也更深刻。

　　尽管书中提及的问题和解答一定能够引领你从更实用的观点了解上述这种典型的家庭关系，但我们的目标是要让你更清楚地察觉到广大的人际网络有多么深、多么宽阔，时时影响着你自然的幸福的能量涡。

这些信息来自亚伯拉罕——我们的亚伯拉罕不是神话人物，也不是美国总统——其中心思想非常深远和美好：生命的基础是自由，生命的结果是扩展，生命的目的是喜悦。

累积种种生活经验的你，在体味书中的文字时，会觉得这些信息的意义无比清晰，于探索书中概念的同时，你可以更自在地创造出美好的关系。简单地说：不论是你目前的关系，或者是你想要的关系，亚伯拉罕的信息都能为你带来指引，增汝所欲，去汝所憎。

我们预计推出四本"吸引力法则"系列书籍，这是第三本。

第一本书《吸引力法则：成就你的美好人生》（The Law of Attraction : The Basics of the Teachings of Abraham）于2006年首次发行，很快就成为我们再度登上《纽约时报》畅销书榜的作品。2008年出版的《财富吸引力法则》（Money , and the Law of Attraction）是这个系列的第二本书；2011年出版的《灵性与吸引力法则》（Spirituality, and the Law of Attraction）则是此系列的完结篇。

"吸引力法则"第一本书的素材，原本收录于1988年推出的两套专题录音带里，距今已有三十多年。最初的二十卷录音带从实际的角度出发，概述宇宙吸引力法则与听众的财务、事业、身体状况、人际关系等二十个实用主题之间的关联，数以百计的问题和亚伯拉罕的解答，教导人们学会更进一步增进自然的幸福状态。这些最早的录音内容详细介绍了宇宙法则的信息，而且是免费的。如果你有兴趣的话，可以到我们的网站 www.abraham-hicks.com 下载七十分钟的免费录音档，或者向我们位于美国得州圣安东尼奥的商务中心索取光盘。

2005年，在一场吸引力法则讲座中，我们碰到来自澳大利亚的电视台制作人朗达·拜恩（Rhonda Byrne）。她希望我们能够同意让她根据亚伯拉罕的信息制作一系列节目，于澳大利亚各地播放。后来我们签了合约，朗达带着她的工作人员登上2005年的阿拉斯加吸引力法则邮轮，录制了约十四个小时的讲座内容。因此，1988年吸引力法则专辑中的基本宗旨，于2006年被制作成光盘影片。这个影片喧腾一时，后来朗达据此内容写成的《秘密》（The Secret）一书也大为畅销。

埃斯特跟我只出现在《秘密》的第一版里，改版后就看不到我们了。而随着初版的风行，加上"扩充"后的版本反响也不错，产生了一股强大的推动力量，将吸引力法则散播至全世界。我们很感激朗达实现了她的梦想，让全世界的人都能认识到亚伯拉罕的吸引力法则——她把信念灌输到数百万读者的心中，使他们相信自己有能力获得更好的生活，同时她也唤起了百万读者心中的要求……所以，他们正在提出要求。每个要求都会得到响应……接下来他们要学习的，则是顺随自己去接受所得到的响应。

如果在看到这本书的时候，你觉得自己的生活已经算不错了，那么善用书中的资料，凭借专注的意念，你的生活品质就能够继续提升，让你的感觉更加美好。如果现在你觉得不怎么好过，甚至跌到了谷底，你在这里学到的观点将有助于你的生活逐渐获得改善……或者，你也许可以像少数人一样，透过书中的观点转换思维，脱离长久以来的无力感，享受全新的喜悦感受，回复到自然的幸福状态。一旦到达那种状态，你会觉得自己宛若磁铁，把和自己振频相同的所有事物和所有关系都吸向自己。

我说过，如果我可以从书里、演说中或某个人身上，得到能够付诸实践的实用想法，那么我所付出的时间和金钱就值得了，因为一个新的想法可以重新引领我的思绪，改变我的生活方向。举个例子说，时光回到 1970 年，我有一位朋友凯斯特洛跟我说："杰瑞，你绝对无法达到你想要追求的那种成功。"

我问他："为什么？"

凯斯特洛回答说："因为你批评成功的人。"

我说："嗯，那是因为他们说谎，骗取不属于自己的东西。"凯斯特洛对我说："你可以批评他们说谎、诈骗、窃取的行为，而不是指责他们之所以能够成功是因为说谎、诈骗、窃取。看不起成功，你就无法成功！"

一语中的！这只是一个想法，一个不一样的观点，但从那时起，我就身体力行，接下来一波又一波大多数人称为"巧合"的事件不断出现在我身边，我想要的、想做的或想拥有的，所有一切都在喜悦中达成了……希望借助这本书，你也能够得到新的想法，启发新的思维，把你想要的、想做的或想拥有的，全部吸引过来。

本书的主题是人际关系，从更广阔的角度观察，揭露各种关系中形形色色的错误前提，而这些前提正是大多数人生活的准则。当你面对这些错误的前提时（错误是相对于自然的宇宙法则），如果你将亚伯拉罕的看法置于你个人的生活体验之上，如果你明白生活仍有更好的可能，你就有机会改变生活——从此刻的安好，提升到一个更美好的境界。

这里有几个错误前提的例子，这些错误前提伴我多年。你会看见这些错误的信念让我多么不快乐，更重要的是，你也会发现，单单只是改变想法，我的生活就立刻产生极大的转变。

我母亲生性倔强。我也好不到哪里去，从小就是牛脾气，不爱守规矩。三十多年来，我妈一直想把我这个儿子变成她心目中的模样，甚至采用十分暴力的方式。我们母子俩每次见面就吵架，我会把话说得又冲又硬，希望她按照我想要的方式来对待我。每每在公开场合，我妈的特立独行总是让我觉得有点丢脸，但不知为何也有点骄傲。

有三十多年的时间，我们每次见面都搞得不欢而散！但自从我父亲去世以后，我采取了一个新的措施，那只是一个出现在我脑海中的想法：我们两个人吵了这么多年，是因为我们都以为：只要我够努力，就可以让一个"生性倔强的人"听话。结果有用吗？所以我采取了新的措施："既然我控制不了妈妈，而她也控制不

了我，我何不就开心地做自己，继续当个无法控制的儿子，也让我妈做她自己……还有，既然别人觉得我妈很有趣（而不是反感），不如我就从她的与众不同中去发掘更多趣事……"从此以后，我们过上了愉快的生活！

经历了三十多年的责骂、处罚、争吵……我决定转向新的方向（我并未要求我妈也做改变），而接下来的四十年里，我们再也没对彼此说过一句气话！如果不是亲身经历过，我大概不会相信这种事有可能发生，但它真的发生了。

我要用另一个亲身经验结束这篇前言。年轻的时候，我听到关于"富有"的说法是：安于贫苦的人才能穿过针眼，如果我们往上爬，脱离贫穷，就会开始发胖，结果就没有办法穿越针眼。大概这类的话，就是那些我们在教堂里听到的故事。另一个很多人相信的说法是："有钱人之所以有钱，是因为他们从穷人身上把钱拿走（或不让穷人拿到钱）。"按照这个说法，假如一个有钱人买了一辆豪华轿车，开二手破车的穷人所拥有的金钱或享受就变少了。

然后不知怎的，我脑海中出现了"永不枯竭的宇宙"这个想法，一个很简单的念头，一经接受和

适应后，大大改变了我的一生，以及那些受我的例子影响的人们。我重新接受的看法是：如果我买了豪华轿车，我就创造了很多工作机会，用这样的方式重新分配财富。换句话说，当我买了一辆很贵的车子，负责制造车子的许多人会因而得到工作，也能赚到钱。他们之中有些人很有钱，有些人正在努力变得有钱，有些人不想变成有钱人，还有一些人相信拥有财富会阻碍他们穿过针眼，但他们每个人都可以选择用某种方式让自己更快乐。无论如何，因为我买了那辆车，他们每个人或多或少都受益。比方说：卖车的业务员、经销商、汽车装饰商、配货商、批发商、制造商、股东、（或许也包括）组装工人、数千个零件的发明家、设计方向盘和轮圈盖及音响系统的人、铁矿工、玻璃和塑料制造商、烤漆和轮胎的制造商、送货卡车的驾驶员、送货卡车的制造商。（哎呀！再数下去就数不完了）。

我相信你懂我要说的是什么。一旦接受了"万物皆为人效力"的前提，我就打开了财务健康之门。自从接受这个想法之后，我买了好几辆轿车，把幸福送给愿意张开双臂迎接的人。

撰写这篇前言的时候，我跟埃斯特两个人正在我们造价不菲的巡回巴士上，我坐在前面的接待处，她坐在后面的办公桌前。我常提醒自己，这辆巴士除了带给我们某种程度的愉悦感受，还使数千名曾参与制造车子过程的人得到快乐，并赚得金钱。

无论如何，我想用这些个人经验，让你知道只要接受一个好的想法，就能得到持续深远的力量；只要认清一个错误的前提，改变它，就能产生无比的价值。

这本书里头有很多不错的想法可以移植到你的生活经验里。书中也指出很多错误的前提，如果其中任何一个前提长久以来一直左右你的生活，现在你可以放开它，用对你更有益处的想法来取代它。

能与读者和亚伯拉罕携手踏上这趟共同创造的冒险之旅，埃斯特与我深感欢欣，我们也期待这些信息能让你享受喜悦。

我爱大家。

杰瑞

第一部分 /001
认识吸引力法则

吸引力法则并非魔法，而是一种能量共振的法则。它不是让你操控世界，而是帮助你调整内在频率，成为那个值得被世界温柔回应的人。

第二部分/091
情感与吸引力法则

为什么总是遇不到对的人？答案并不在外界，而在你的能量磁场。吸引力法则教会我们，真爱不是寻找"另一半"，而是成为完整的自己。当你成为自转的星球，才会吸引真正匹配你的光。

第三部分 /133
养育与吸引力法则

孩子的成长，不是被塑造成某种特定模样，而是自然展开的生命旅程。你如何看待自己，决定了你如何看待孩子。爱与自由、边界与引导，在吸引力法则下呈现出全新的养育视角。

第四部分 /169
自我欣赏与吸引力法则

焦虑、不安、挫败感……这些情绪并非敌人，而是成长的信号。当你不再执着于外界的评价，而专注于成为最真实的自己，你的能量就会悄然改变。

第五部分 /203
作者在线答疑

每一个疑问都是一扇窗，透过它，你将窥见吸引力法则如何在成长环境、友情磨砺、家庭教育与恋爱期待中悄然发挥作用。这里的每个问题都将引领你走向内在智慧的觉醒，发现自身的无限可能。

The Vo

Where the Law of
Attraction Assembles
All Cooperative
Relationships

第一部分

认识
吸引力
法则

如何吸引心怀喜悦的共同创造者

吸引力法则：
宇宙的终极密码

你应感到人生是美好的。

在你出生之前，你就已经知道，能为个人、集体的幸福和发展带来最大价值的东西，主要来自你和其他人的关系。你已经计划好要去享受形形色色的人际关系，从中选择要素，以此丰富你的创作——你为此而来。

在你出生之前，当你决定投身于这时空的前沿，你便拥有了享受每分每秒的生命的强烈意愿。然后你意识到，在精神层面上，你是一位造物者，你有创造欢乐和惬意旅程的无限潜力。你深知自己就是造物者，这个世界就是供你创造无数经典作品的完美舞台——你为此而来。

在你获得肉体躯壳之前，你已知道，一旦你进入这个世界，你会被众人环绕，而你与他们之间的关系将会成为你此后生活差异的源头。你也明白，这形形色色的关系是你个人发展的重要基础，同时也是你为宇宙永恒

的发展贡献的坚实基础，所以你热切拥抱所有与他们的
互动——你为此而来。

　　你未曾预判过来到这个世界后所要经历的挣扎与苦难。你不
相信自己的诞生是为了纠正过去的错误，或者是为了修复这个残
缺的世界，甚至是单纯演化（这意味着你现在还有不足）。相反地，
你意识到这种物理层面的体验将会提供一个相对平衡的环境，在
这种环境中，你将做出越来越明智的选择，让你能更好地发展自身，
并与万物（All-That-Is）共荣共进。你知道这个充满差异的世界会
引导你开疆拓土，这种开拓将让永恒真正地化为不朽；而你对这
充满差异的世界抱有莫大的赞赏，因为你知道没有差异就没有发
展，况且这个过程是令人愉快的——你为此而来。

　　在你诞生之前，你已了解差异化和多样性的价值，因为你明
白每一个新的爱好、欲望和想法都来自差异。你知道这种差异不
仅贡献了个人发展的源动力，而且奠定了一切愉悦经历的基础。
最重要的是，你知道这种愉悦的体验才是这一切的、全部的、所
有的存在的终极奥义。因为这种存在，你的头脑才能涌现出源源
不断的欢乐时光——你为此而来。

　　在你诞生之前，你已知悉"差异"是促使你做出选择的基础。
你很清楚你周围的环境就如同一场公开的盛宴，你可以选择珍馐，
没有哪一项事物是永恒不变的，因你做出的不同选择使它不断演
变——你为此而来。

　　在你诞生之前，你已知道，所有的选择都是通过对某项事物

投入关注而实现的。你懂得把你的意识贯注于现实的身躯，以及具象的时空中；你从注意力、焦点以及思想的层面上做出自己的选择——你为此而来。

在你诞生之前，你已知道，这个世界就像所有其他具象的或虚拟的环境一样——都基于振动，由吸引力法则主导（相似之物，彼此吸引）；你对任何事物投入关注，都是邀请自己亲身参与其中——你为此而来。

在你诞生之前，思索地球上的有形体验时，你不求诞生在一个相似且一成不变的环境中——那里所有的变化都经过深思熟虑，所有关于生活方式的选择都已做出。作为一个强大的造物者，你的存在是为了做专属于你的决定，创造你独享的愉悦体验。你知道多样性是你的最佳拍档，任何层面的同质化则相反。你潜心投入并热切追求自己的方向，探索和树立属于自己的强有力的观念，维持差异化的环境，从中创造出自己的作品——你为此而来。

很多人会表现出焦虑和挫败，有时还有愤怒和怨怼——他们忘记了出生前的决定，但我们希望，当你获得肉体躯壳时，有些更重要的东西是完好无损的：一套与生俱来的引导系统（guidance system），它能够帮助你一步步明确，你在什么时候偏离了出生前对生命的理解，在什么时候该重回正轨。

我们希望你能有意识地识别到你的引导系统，由此拓展创造的边界，并与精神层面的意识保持同步。

我们希望你能有意识地与"真正的你"再次联结，用普适性的、基于吸引力法则的前提，替换掉你一路走来所秉持的大量的错误前提。

　　我们希望能帮助你破解看似不可能的人际关系的谜团；教会你与他人分享整个宇宙；指引你重新感悟到差异带来的美好；以及，最重要的是，重新建立起一切关系的基础：与永恒、无形本源之间的关系，也就是真正的你——我们为此而来。

你的生活，由关系定义

　　人生每一分每一秒的体验，都涉及某种人际关系。你能觉察、注意、认识到这个世界，正是因为你与其他人、事、物的关系。如果没有这种相对的经验，你就无法觉察或专注于内心的领悟。所以可以说，关系不存在，你也就不存在。

The Vortex

我们希望这本书能让你在探索你所面临的各种关系时，对内心深处真正的你有更清晰的认识。

我们希望你能体悟到更崇高的价值，对这个世界、你的身体、你的家人、你的朋友、你的敌人、你的管理者、你的系统、你的食物、你的财务、你的宠物、你的工作、你的娱乐、你的目标、你的本源、你的灵魂、你的过去、你的将来，还有你的当下……

我们希望你记得，所有的关系都是永恒的，一旦建立，它就会永远成为你的振动的构成部分。你拥有创造的力量，就在这充满力量的当下，现在的你与将来的你合而为一。

通常来说，当你留意到一件非你所愿、令你不愉快的事，你会认为自己并非身处其间，只是一个遥远的、局外的观察者；但事实并非如此，你观察到了一种情况，不管这件事在你看来和你多么无关，你都是这一经验的共同创造者。

随着时间的推移，当你与他人逐渐建立关系，你和一些人会在"我该如何度过这一生"这件事上达成集体偏好；然而，在你们体验到的无数事情上，对于"什么是正确的方式"，依然无法达成共识，你还是会努力说服他人接受你认为的最好的选择。

频率一致，
行动才有效

在这个世界每一种社会形态中，人类都制定了规矩、要求、禁忌和法律。遵守了有奖励，不遵守有惩罚——每个社会似乎都要把他们想要的和不想要的分成两堆。尽管人们努力区分，却总有一些模棱两可的部分，关于何为需要、何为不需要，何为正确、何为错误，何为好、何为坏，永远无法达成共识。

我们希望你读完本书后，可以停止从世界、社会甚至同伴那里寻求方向和力量。我们希望你能记起，渴求他人的认可，其实是因为你误解了吸引力法则，这并非真正的你所愿。

我们希望你在理解了自己的引导系统后，可以重新与那流向你、穿过你的力量相伴而行。一旦你与你内心奔涌的力量和谐一致，你所追求的其他层面、其他主题，以及与其他人的关系，才有可能达到和谐。

举例来说，你眼前有一辆笨重的、悬挂系统糟糕、转向装置老旧、几乎无法上路的大卡车，你多半不会把自己最珍贵的货物装上去。或者一个五岁孩子第一次独自骑自行车，你也不太可能会把珍贵的玻璃古董放进他的车筐里。又或者你眼前是一块冻得不够结实的冰面，你也不太可能会把自己的毕生积蓄和心爱的宝石装进口袋，然后扛着口袋走上去。

The Vortex

　　换句话说，在开始一段旅程前，尤其是对你而言很重要的旅程前，一定要先找到基本的稳定性。然而，当人们交流一些重要的事情时，总是还没来得及取得真正的稳定，就一头栽入其中，紧接着做决定，开始行动。事后他们往往要花费更长的时间来找回稳定性。一旦打破了平衡，人们就会一次又一次地跌进坑里，逐渐失去控制。通过本书的例子，我们希望你能牢记达成频率一致的艺术。先达成一致，然后再交流。先达成一致，然后再互动。先达成一致，再开始其他任何事。

　　人们常说："三思而后言。"这话说得不错，但我们还要更进一步。我们会建议你"先思考，注意你思考时的感受，评估思考的价值。经常这样做，直到你了解并且确信自己已经达到一致的频率——然后再说、再做、再去和他人互动"。

　　相比数百万的还无法达成一致频率的人，那些愿意花时间了解自己跟本源的关系，积极让自己和更宽广的视角达成一致，专注于让自己与真实自我保持一致的人，更具魅力，更有吸引力，更有效率，也更强大。

　　历史上那些受人敬重的圣贤都了解频率一致的重要性。在这本讲述人际关系的书中，我们要告诉你的是：最重要的关系就是此时此刻，你的身体与灵魂/本源/宇宙主宰之间的关系。只有把这个关系摆在首位，你才能站稳脚跟，拓展其他关系。只要先把这最基础、最原初的关系打理好，你与你的身体，你与财富，你与你的父母、子孙，以及你和你的工作伙伴，你的管理者，你和你的世界……所有这些关系，都会水到渠成地进入一致的状态。

我们真的
误解了这个世界吗?

你选择读这本书,也许是因为和某个人的关系出现了问题。我们想让你知道,你所寻找的答案就在这里。如果你翻看前面的目录,你甚至能够直接定位到你最想解决的具体的关系问题。我们明白,直接翻到这些页面寻找答案确实很有诱惑力,如果你真的这样做,你也确实会找到答案,而且会是正确的答案。但如果你不这么做,而是按照书中的顺序系统性地阅读下去,我们保证:当你进入你最感兴趣的那部分时,你会得到更大的慰藉,更容易了解我们提出的方法,你的关系问题也会更快得到解决。

无论你是一口气读完这本书,还是花几天时间细细翻看,你的内心都发生重要的变化:你降临尘世一路行来所沾染的所有错误前提都将被逐一摒弃,你将领悟到存在的核心意义。如此一来,你不仅能更清楚现在和过去的每一段关系,也能立刻清晰地意识到每一段关系带给你的裨益。

大多数人之所以会产生错误的预设或不稳定的感觉,是因为他们更在乎别人是怎么看待自己的,而不是自己的感受。所以随着时间的流转,与更多人互动后(这些人也想要有更好的感觉,所以他们训练身边的人,让他人做出能让他们暂时感觉良好的行为,也就是说"你满足自己就是自私,你应该取悦我"),他们忽视了自己的引导系统,与真实的自我渐行渐远。经年累月，他们感觉越来越糟糕，一次一次得到错误的结论，直到完全迷失自我。

揭露这些错误的前提，可以澄清事物的本质，使人们重回幸福的道路。然而，当你身处在一个错误前提当中，专注于错误前提带来的结果，你会被它的振动所裹挟，吸引同类事物，以至于你根本看不到原本的错误。当你的生活继续按照你"相信"的方式展开时，你将感受不到它的虚假。

要揭露一个错误的或者有缺陷的前提，你必须退到足够远的地方，重新联结真正的你，这样才能看得清楚。换句话说，如果你碰到一个不友善（脱离本源）的人，他不断告诉你，你不够聪明，一开始你当然不会认同，但你会感受到负面情绪，因为"你不聪明"这句话与你所认识的本源是如此矛盾。但如果你一遍又一遍地听到这样的话，直到你自己都开始相信这个错误的前提是真的，还不断重复它，你就亲手激活了这矛盾的振动频率。它会干扰你的理解能力同时也会吸引证据，证实你确实不够聪明。一旦这些证据出现，你会越来越难将这个说法判定为错误的前提。过段时间，你就会相信它是真的了。

有个好消息是，当你知道自己不想要什么时，你的心底会涌现出一股与之相当的渴望，欲望之箭将射向你的振动实体（Vibrational Reality），让你朝着自己想要的东西走去。换句话说，美好的体验可能总是诞生于不那么美好的经历，而你终究（在你停止抗拒后）会有所改变。我们写这本书的目的，就是让你更快改变，而不是一拖再拖乃至此生无解；但无论如何，这一代人所经历的冲突一定会让未来世代的人们受益。我们希望帮助你认识并摒除这些错误的、毫无益处的理念，帮你摆脱虚假前提的束缚。我们希望你记住，真正的你，站在明媚的阳光下，从新的立足点出发，吸引宇宙万物。

看到别人陷入问题困境时，多数人相信如果问题不存在，他们就不会看到问题。

看到别人陷入问题困境时，多数人相信他们之所以感受到不快，是因为对方给了他们不愉快的体验。如果对方不这样做，他们就会感觉好些。

看到别人陷入问题困境时，多数人相信他们可以通过影响、劝说、威压、规则、法律或威胁惩罚等手段来控制对方的行为，掌控问题的状况，他们就会感觉好些。

多数人相信掌握局面、掌握他人，是让自己感觉良好的关键。这样的想法是所有错误前提里错得最深的。"如果我能改变所有的情势，一切都会变好。"这样的观点完全违背了宇宙法则，也违背了你存在的意义。你从来不想操控周遭的一切，你只想控制自己的思绪。

在本书中，我们将识别一系列错误的前提，它们是你现实生活中困惑和扭曲的来源。我们希望通过这本书，你能摒弃与你的认知相互矛盾的错误前提，回归到自然的状态，允许人生的幸福流向你。

退后一步，
看到更大的世界

　　我们也想立刻帮助你改善你正在经历的关系，但请你先放松下来，跟我们一起感受从出生到死亡的这段旅程中的种种经历。当然，你与其他人有很多不一样的地方，但大多数情况下，无论你出生于何时，立于何地，一定会存在一种值得你深思的典型、主流的关系模式。无论你处在人类进化的哪个阶段，作为一个活在现实世界的人，检视你所体验到的各种关系的演变，都能帮助你了解长期以来一直在人与人之间传递的无数错误观念。只要你从当下的处境中后退一步，按照我们所说的方式观察你的生命体验，你就能更清楚地看到你的人生目标，为当下的你找到一个稳定的落脚点，为你这一生的快乐之旅找准航向。

出生前：
你的人生剧本已写好？

　　在你将意识倾注于这具肉身（也就是现在的你）之前，你是充满聪慧、通透、快乐且无拘无束的一股意识，渴望着立马投入这段新的体验。在你诞生之前，你唯一经历过的关系，就是和本源的关系；但那时的你尚且没有形体，也就没有抵抗力。你没有清晰地感受过分离，因此你与本源没有明确的"关系"——你就是源头。

换句话说，尽管你有手指、脚趾、手臂和腿，但你不会将它们视为独立的存在，而是将它们视作自己的一部分。你不会去描述你和腿的关系，因为你知道你的腿就是你的一部分。同样，在你获得血肉之前，你的振动频率和本源（人们常称之为宇宙主宰）密不可分，你和宇宙主宰完全融合，两者之间不存在关系——因为你们本为一体。

出生时：
你的第一场能量碰撞

在你出生的那一刻，意识进入了你的肉身，最初的关系由此而始：也就是有形的你和无形的你的关系。

于是一个明显的错误前提或者说是误解出现了，而这误解实际上存在于大多数人心里。

错误前提
1
—

我要么是无形的，要么是有形的；要么活着，要么死去。

很多人不知道，在他们降生于物质世界，获得有形身体之前，就已经存在了。也有很多人相信如果他们在出生之前就已存在，那么一旦他们获得有形的身体，他们无形的部分就不存在了。换句话说，"我要么是无形的，要么是有形的；要么活着，要么死去"。

我们想要你记住，尽管你将意识灌注于有形的身体，你内在永恒、无形，更加古老、智慧和宏大的部分依然存在。正因为这无形的你存在，这两个至关重要的层面具有永恒且不容否认的关系。

有形的你和无形的你之间的关系（振动关系）无比重要，原因有很多：

1. 你所感受到的情绪（你的情绪引导系统）正是源于这两种振动频率（有形的你和无形的你）之间的关系。

2. 当你寻求新思维和发展时，在生命的主要阶段，无形的你对有形的你是有帮助的。

3. 当你寻求新思维和发展时，在生命的主要阶段，从有形层面拓展出的经验也会使无形的你成长。

4. 除此之外，你的每一段关系（包括与他人、动物、自己的身体、金钱、概念、思想以及生活本身），都深受两个你的关系的影响。

你和父母的关系：
爱恨纠缠的起点

不必说，你的生身父母对你而言非常重要。如果他们没有建立起彼此的关系，你就不会存在。然而在你与父母的关系中，存在许多误解，也就是我们所说的错误前提。

无形的你知道，你的生身父母是你通往物质世界的重要路径。你需要他们把你降生到一个足够稳定的环境中，为你在有形的世界提供一个可靠的立足点。你知道你的父母连同其他人会接纳你，引领你进入这全新的环境中。你知道你将会适应环境，你也对欢迎你到来的人们无比感激。

The Vortex

你知道你的父母已经适应了物质的环境，他们会让你吃饱，给你住的地方，提供物质上的稳定。但你并不打算让他们来定义你的人生目标，或者让他们告诉你什么是对的，什么是好的。从无形的角度来看，在你出生之前，你知道你的指引系统会比在你降生时迎接你的人更全面（也更有效）。换句话说，当你获得肉身之时，有形的你和无形的你之间的关系仍然是一股纯粹的、正面的能量。

然而在你诞生之初的几天里，面对这个崭新的物质世界，你的意识会经历一个转变——你对此早有预期。在这个过程中，你的能量/意识一分为二。当你躺在母亲的臂弯里，你的身体中活跃着两种振动频率，由此，你开始感受到情绪。

你刚刚从一个熟知宇宙、地球和万物的幸福环境脱离，所以当母亲怀抱着你为你担心时，你感到不适。当你的父母因为生活无所适从时，你感到不适。当他们满怀爱与欣慰看着你时，你感到与他们的存在合而为一，因此觉得自在。然而即使在婴儿期，你也牢牢记得，他们没有义务与你达成频率的一致。你知道即使日后，在你牙牙学语、蹒跚学步时，他们也没有义务为你提供舒适的安身之所，给予你和谐、积极的能量。你明白这都是你的课题，而你能妥善处理。在此期间，你可以轻松地回撤到你与自我的和谐状态中，所以你入睡了。时常地，陷入沉睡。

你诞生于这个有形世界时便已知道，你从一开始就会被各种各样的差异性包围。这差异性会为你日后的生命历程提供创造的源动力。你知道只要身处这个有形世界，你就会自动找到你的选择，而各类事物，无论是你想要的还是不想要的，都对你有所裨益。

最重要的是，你清楚地知道，能为你做选择（或可以为你做选择）的人，有且仅有你自己。然而，当你成为你父母的生命历程的一部分时，他们几乎忘记了这一点（大多数情况下）。这里便出现了另一个错误前提：

错误前提

2

—

因为我的父母比我多活了许多年，更因为他们是我的父母，
所以他们比我更清楚对我来说什么是对，什么是错。

你不想用父母的观点来衡量你的信念、愿望或行为是否正确。恰恰相反，你知道（即使出生很久也依然牢记）你的想法与你的本源之间的关系更为可靠。无论何时，它都会以情绪的形式给你完美的指引。你不会为了父母的想法舍弃你的情绪引导系统，哪怕他们想要给你的指导和他们自己的情绪引导系统完全一致。对你而言，更重要的是认识到你的引导系统的存在，好好加以利用，而不是获得他人的赞同或认可。

许多人在离开童年家庭环境后会感到不平衡，很大程度上是因为他们仍然试图通过寻求父母的认可，以取代自己的引导系统，但这是不可能的。每当你试图与其他人（你的父母）的观点保持一致，而不是跟随从你内心涌现出来的振动频率（你的内在自己），自由的感觉就会被践踏。当然，如果你能率先找到有形的自我和无形的自我之间的平衡，还是可以和父母建立一段美好、有效的关系。但如果有形的自我和无形的自我无法达成一致，你的任何关系都不会好到哪儿去。

你和兄弟姐妹的关系：竞争还是合作？

无论你是备受期待的头生子，还是在已经有哥哥姐姐的情况下加入现在的家庭，多个孩子肯定会改变你与父母的动态关系。在大多数关系中，涉及的人数越多，个体失衡的可能性就越大，尽管这不是必然的。

通常，你的父母不能有意识地辨识自己的引导系统，所以无法给你（或彼此）振动一致的行为模式。他们常常觉得如果你能改变自己的行为，他们的感觉就会更好。因此，在你进入他们的家庭后，要不了多久，他们就想训练你的行为模式，以符合他们自己的喜好，但这是异想天开。他们不去追求现实自我和真实自我的和谐，反而要求你用自己的行为来取悦他们。这就是所谓有条件的爱："如果你能改变你的行为或条件，那么当我看到时，我会感觉更好。所以一切都交给你了，现在你得对我的生命体验感负责。"

第二个孩子到来后，你的父母有了更多需要掌控的行为和动作，你也更加困惑：现在你不仅要考虑你的行为会让父母在亲子关系中产生什么样的反应，还得观察父母对其他孩子的行为有什么反应。随着每个新成员的加入，扭曲和困惑的可能性呈指数级增长。

想要按照共同居住者的期待和要求调整自己的行为，就不可能达成个人的频率一致。因为个性、利益、意图和生命目的多种多样，你无法仅从行为层面解决这些问题。但是，只要做好一件事，就能让所有关系变好，使你满意：在你开始和其他人接触前，先让有形的你和无形的你达成一致的振动频率。并且永远别想着让他人改变自己的行为，来满足你的情绪价值。因为这涉及太多变动，你不可能成功。

吸引力旋涡：
如何让宇宙为你工作

我们希望这本书能给你带来耳目一新的感受，让你懂得如何将有形的生命体验融入更宽广的世界。我们希望你记住你本来的面目，以及你为什么存在于这个有形身体。最重要的是，我们希望你能重新感受到自己的价值和绝对的幸福，真正明白你在这个充满差异的现实时空中所扮演的重要角色。

在你进入这个身体前，你是一团无形的能量；从无形的本源出发，你把一部分意识延伸并倾注到了有形的时间、有形的地球和有形的身体中。当你获得血肉之躯后，有形世界的感官刺激让你认识了新的环境，形成了意识。你的意识，也就是真正的你，被分成两个截然不同的部分：你的无形部分和有形部分。

有些人用"灵魂"和"本源"解释无形的那一部分，但我们更愿意称它为内在的自己、更广阔的无形视角或真实的你。我们希望你能理解这两种解释的重要区别：你的无形部分和有形部分是同时存在的。大多数人都相信，在出生之前，他们的某个部分就已经存在了。他们也相信，肉身死亡后将再次成为无形的存在。但事实并非如此：你是本源能量的延伸，当你化身为有形实体时，你的无形部分并没有消失。事实上，你的无形部分会随着有形实体的存在和拓展而成长。

　　你义无反顾地进入了你美好的身体，与世界上其他人的各种想法、信念和愿望互动，最终目的就是获得成长。你明白，处在多样化的环境中，你会自然而然地知道怎样在各方面取得进步。遇到不愉快的经历，你会本能地产生一股寻求改善的力量。你知道，要求、疑问或愿望会从你的振动中迸发而出，你的内在本源觉察到你的新请求，就会追随它、聚焦于它，最终达成这个新请求。你知道，有形世界激发出的要求会和你内在的自己同频振动。

　　因此，内在的自己是你所经历的一切生命历程的制高点，它发出的振动频率表达了你所有的一切。因此，如果你能把注意力转移到你拓展后内在的自己的想法上，你将更加充分地了解内在的自己，明白有形的你是怎样促成这种拓展的。

　　我们希望你意识到，当你关注着你的有形身体、想着事、说着话、行动时，还有一个无形层面的你存在于无形的领域，你正是从那里来的，无形的你也因你的有形世界之旅获得了成长。

　　很多人觉得有形世界的生活历程就是实相。你通过你的实际感官破译有形世界的实相，当你环顾四周，看到世上很多地方、很多人的现实生活和经历，你即宣布你看到了实相。我们希望你能明白，即使你在这世上有所见、有所闻、有所嗅、有所品尝、有所触摸，处处皆是有形真实的证据，但真正的实相远不仅是你所相信的肉体、血液和骨骼。你在有形环境中感受到的一切都是

The Vortex

振动的，你的生活就是你诠释出来的振动。

强大的吸引力法则是你所经历的一切事物的根本，这个法则有一个稳定、永恒和准确的前提——同频共振，同质相吸。

当你对某一事物产生思考时，你就开始将这个事物的本源吸引到自己的生命体验中。一旦你开始关注某个事物，一种内在思维的振动就被激活了，扩散就此展开。换句话说，你越在意某件事情，内心对它的振动就越活跃。振动的时间越长，吸引力就越强大，直到最终，这种活跃的振动在你的生命体验中变得牢不可破。你经历的一切都是因为你思考过后，应你要求到来的。

世间一切振动都受吸引力法则统治，振动会扩展到宇宙间所有存在的事物上。因此，有形的你产生思绪时，吸引力法则就会响应这个振动，同时也会响应内在的你发出的振动。

我们希望你能意识到无形的你是多么强大，并看到吸引力法则的作用。每当有形生活的体验引发你对某件事的渴求，你就会迅速发出振动频率，由内在的自己接收，把你的需求扩大成振动的一部分。为了帮助你了解扩展的过程，我们将其称为"你的振动缓存"或"你的振动现实"。这就是经过扩展后，完整的你。

吸引力法则会响应你在物质环境中的思维、言语和行动，同样也会对你的振动做出强有力的回应。当你内在的自己扩展后发出清晰的振动频率，作为管理所有振动的宇宙法则，吸引力法则就会做出回应。这时，一个强大的吸引能量涡就产生了。

这个变化汇集而成的能量涡，包含了所有的需求，所有修改后的需求，你所发出的每一个需求的每一个细节，吸引力法则都做出了回应。请想象一下这个不断旋转着的能量涡以及吸引力法则响应这纯粹、专注、没有阻碍的愿望时所汇聚的吸引力。这个汇聚能量的能量涡为了完成其蕴含的所有要求，会吸引一切必要的事物。所有相辅相成的要素都接受召唤，合力完成创造，解答疑问，解决问题。

本书除了要帮助你记起创造的过程，记住你出生前那个充满纯净、积极能量的地方，还要帮助你记住这个汇聚能量的能量涡，并提醒你相信自己的情绪指引系统，如此你便可以有意识地、专注地与你的能量涡同频共振。

本书的目的是：

· 让你记起真正的你的面目。
· 让你记起生命体验的目的。
· 让你找回自豪感。
· 让你记起你的存在就是一种振动频率。
· 让你记起无形的你也同时存在。
· 让你意识到两种振动频率（有形的你和无形的你）之间的

关系。

·让你的注意力时刻指向创造能量旋涡，你所有的渴望和你所成就的一切都包含其中。

简单来说，本书将帮助你进入你的吸引力能量涡。

你生命中出现的每个人，无论是你所谓的朋友或爱人，敌人或陌生人，都是应你的振动请求（vibrational asking）而来。许多人无法接受这一点，因为他们遇到的人身上有太多他们不喜欢的特质。他们认为自己绝不可能邀请这些不受欢迎的人进入自己的生命历程，因为他们认为"请求"某事意味着"请求所期望的东西"。但是，这里所谓的"请求"，其实是提供相符合的振动频率……我们知道，你吸引来的许多关系或经历，如果有得选，你宁可不要，但大部分的吸引都不是有意发生的，而是来自你的默许……重要的是，你一定要理解，你想要什么，就得到什么，无论你要不要。一直想着不想要的东西，为你匹配到与这件事相符的频率。

生命中所有的差异几乎都来自和他人的关系，或者说来自和其他人共同创造的过程。生命中的痛苦和最大的愉悦也来自它。但最重要的是，你与他人之间的关系是你实现大部分扩展的基础；因此也可以说，你在任何时刻可能会感受到的喜悦或痛苦，背后的原因都是你生命中的关系。简单来说，如果没有人推动你拓展，你就不会感受到没能充分拓展带来的痛苦。人际关系间的互动、交织和共同创造极大地增强了你个人的体验。你最强烈的喜悦和悲伤都源于你和他人的关系，但你的控制力远比你意识到的更强大，你可以选择是否体验这喜悦或悲伤。

吸引力法则：
强大、永恒、普适

强大的吸引力法则（同频共振，同质相吸）是你所有体验的根源。因此，当你把思绪放在某件事上，你就开始把那个东西的本质吸引到你自己的生命体验中。一旦你将注意力放在某个东西上，就激发了内在的思维振动，扩展的进程就开始了。换句话说，你越在意某件事，内心对于它的振动就越活跃；并且这种情况持续的时间越长，吸引力就越强大……直到最终，你的生命体验中出现了无可辩驳的证据，证明这种活跃的振动的存在。你生命中的一切体验，皆是你的思维发出请求而到来的。

请记住，无论你在大脑里想着的是你所期待的事物还是你不乐见的事物，你都在发送"请求"，这会吸引来更多与你所想的对象类似的东西。发生在你身上的所有事情——所有的人、事、经验、情境——都是在回应你的振动频率所发出的邀请。

你吸引来的关系、情况和事件积累的结果，就是对你所发出的振动频率完全无误地响应。注意出现在你眼前的事情，你就会清楚自己发出了哪些振动频率，因为无论你愿意不愿意，心中所想的事物一定会来到你身边。这就是我们说的事后觉知，即思维在没有刻意设定方向的情况下发出了振动频率，事实发生在眼前才意识到，这是当时曾想到的结果，比如银行账户余额不足、身体不适或人际关系不和。

糟糕的情况完全到来之前，你是有可能意识到你对它的吸引力并阻止其发生的，关键在于要用好你与生俱来的情绪引导系统。然而大多数人不加区分地关注出现在他们视野中的任何事物，并认为自己对这些想法产生情绪反应是理所当然的。他们接受这个世界上存在不好的东西，当他们专注于这些不好的东西，期待不好的感觉，不好的感觉如约而至。他们理解不了自己的情绪为何会如此糟糕，但我们在这里为你简单地说明：

当你把注意力放在某件事情或情况上，感到不悦的情绪，但真正让你不悦的其实并不是那件事情或情况本身。你感到不悦，是因为你的想法让你的振动频率出现了分离。换句话说，你选择把注意力放在内心本源并不关注的事物上。内心本源不关注这些让你不悦的事物是有其合理的原因的。本源深知吸引力的力量，希望你真的创造出那些你不乐见的东西；所以当你这样做时，就会有不好的感受。每次都是如此。

相反，当你在感到激情、快乐、爱或渴望时打开思维，你选择让你的内在全心全意地沉浸在这些思绪中。不同于之前你和本源分离的情况，你现在创造的这段经历富有力量、充满幸福。

对你而言，知道自己有一套情绪引导系统，比了解其他任何事情都有价值。当你意识到你有两个截然不同的振动维度，了解了它们是如何关联的，你就有意识地掌握了创造快乐的钥匙。如果没有这种认识，你就如同漂浮在汹涌海面上的一个小小的软木塞，随波逐流，身不由己。

可以说在任何时刻，你实际上只能感受到两种情绪：一种感觉更好，一种感觉更糟。如果你下定决心，无论身在何处，无论你正在做什么事，你都可以从自己所在的地方找出更好的思维方式，和内在的自己、本源以及你的愿望，建立长久的关系，你的生活会充满喜乐。这就是你的计划：通过多样性逐渐明确你对每个主题的偏好，与你不断发展的自我保持一致。

忍耐还是允许？
对待他人的智慧

杰　瑞：　既然我们每个人都是独一无二的，我认为大家很难在如何生活这个问题上达成一致。

亚伯拉罕： 确实，而且如果大家都以同样的方式生活，世界就太无聊了。

杰　瑞： 既然我们每个人都不一样，所追求的东西也不同，要忍受人与人之间的差异，一定会让人痛苦，那么我们怎样才能避免这种痛苦呢？

亚伯拉罕： 你的痛苦或负面的情绪，并非源于你和他人意见相左，而是因为有形的你和无形的你振动频率不一致。如果你能把注意力从不想要的事物中抽离出来，专注于你喜欢的东西，痛苦就会消退。把注意力持续地放在你喜欢的事物上，你不仅不会再痛苦，还会感受到积极的情绪，比如欣喜、渴求和幸福。

杰　瑞： 但是，人和人从某种程度来说是相互关联的，我们要怎样学着容忍发生在别人身上的令我们觉得不舒服的事情呢？

亚伯拉罕： 所有的领悟都来自相对的生活方式。所谓"相对的"，就是用从本源发散出来的真实知识，权衡眼前发生的所有事物。从更广的维度来看，你知道将注意力放在不想要的东西上只会增强它们，因此你的本源会把注意力从你不想要的东西上抽离出来。获得有形的身体后，你注意到了不想要的东西，这就导致了有形的你与无形的你之间的振动频率出现了不一致，负面情绪就是这种不一致的表现形式。在频率不一致的情况下，你再怎么担心别人，再怎么生他的气，对他来说都没有意义。仔细想想，由于你无法控制其他人的生命境遇，如果你想要快乐，除了把注意力从他们令人不快的处境上转移到其他地方，别无选择。

杰　　瑞： 如果我们不再关注其他人的痛苦遭遇，他们会不会感觉自己被抛弃了？我们不是有义务去帮助那些有需要的人吗？

亚伯拉罕： 话说到这儿，我们可以来简单了解一下我们社会中的另一个基础错误前提：

错误前提

3

—

如果我努力抗争，我不乐见的事情就会远离我。

你生活在一个基于吸引力法则的宇宙中。这表示，宇宙属于纳入型（inclusive-based）而非排除型（exclusive-based）。换句话说，在一个以吸引力为基础的纳入型宇宙中，根本不存在"不要"这件事。当你看到某个你想要的东西并对它说"我要"的时候，你就将它纳入了你的振动范围；如此，它成为你振动频率的一部分，成为你的吸引力的一部分，也就是说——它开始向你走来了。但当你对某样东西大喊"不要"时，你就把它纳入了你的振动范围。

The Vortex

这样东西成为你振动频率的一部分，与你的吸引力融合，也就是说——它被你吸引过来了。

对他人持有负面的想法对你一点益处也没有。别人身上的东西如果让你感到不快，那是你的负面情绪在告诉你，你正在给你不想要的事物添砖加瓦。

负面情绪刚来袭时，你只是感到不自在，但如果你继续把注意力放在不想要的东西上，它就会以越来越明显的方式出现在你的生命体验中。

在每一个有意识的瞬间，你的吸引力都在发挥作用，这意味着吸引力法则正在响应你当下的振动频率，你正变得越来越强大。你的情绪彰显着你的状态，是变得更加积极、振奋，与本源更加相似，还是与之相悖。你无法在原地停留。只要清醒着，你就在不断扩展的过程中。

每当你清楚知道自己不想要什么时，你就会明白自己真正想要的是什么。因此，当你为别人的不幸遭遇感到痛苦的时候，就会自动把好的情况投射进你的振动实体中。现在，你的工作、对那个人的价值、对自己的价值，以及你自然的状态……都会让你把注意力放在更好的想法上，而这个想法源自你和那个人的日常互动，以及你的观察。当你学会这样做，你对他人的价值会越来越大，不仅如此，你也会看到你与他人的关系是怎样帮助你成长得更好的。

随顺的艺术：
顺其自然的魔力

杰　瑞： 你经常对我们说起顺随的艺术。现在要讨论的就是它吗？

亚伯拉罕： 是的。你最想要理解的就是"顺随的艺术"，因为，如果能好好运用，你将"允许"自己适应一切变化。任何阻碍你成为真实的自己的事情，给你的感觉都不会太好。换句话说，差异的体验会使你本来的面目扩展，因为无形的你总是站在扩展的尽头。但如果你继续回头看那些导致你扩展的事件、情景或因素，你就会妨碍自己的扩展。你在阻碍它的发生，所以你会感到难过。

简单来说，顺随的艺术就是顺随你自己，通过你有意选择的思想，让你和自己的扩展同步。既然扩展正在发生——因你所在的时空实体的差异让它发生——如果你想要感到快乐，你别无选择，只能赶快跟上。

从更广的角度来看，有形的你和无形的你之间的关系是永恒的，而爱则来自无形的你。只有在爱里时，你才能实践随顺的艺术。

从更广的角度来看，无形的你深知你的价值。只有当你有价值感时，你才能实践顺随的艺术。

由此，你可以了解人类社会中的另一个基本的错误前提：

错误前提

4

—

我来到这个世界，是为了用正确的方式生活，
同时影响其他人做出和我一样的选择。
我感觉正确的方式，必然是适用于所有人的正确生活方式。

你来到这个有形世界，并不是为了将所有的想法削减成人人都赞同的几个所谓好想法。实际上，你的目的恰恰相反。你说："我将不断向前，进入差异的海洋中，从那里产生出更多的想法。"你明白，以多样化为根基，才有令人欣喜的扩展。

每个人都想要快乐，但其他人的行为经常会有让你觉得不好的地方。你看到这些不好的地方，就很容易得出这样的结论，即你必须通过影响或控制他人的行为来让自己感到良好。然而当你试图控制这些事物时（通过影响或强迫），你会发现你不仅无法控制它们，而且你对它们的关注会带来更多类似的体验。当前的社会正在与毒品、贫困、犯罪、青少年怀孕、癌症、艾滋病、恐怖主义宣战……你不可能通过控制或消除不想要的事物来实现你想要的目标。

人们当中谁有权决定哪种生活方式是"正确"的呢？人数最多的群体拥有的那个"真知"就是正确的吗？还是说能够消灭其他团体的团体就是"正确"的呢？穷人知道答案吗？富人所掌握的就是答案吗？哪种宗教是"正确"的宗教？哪种生活方式是"正确"的呢？生孩子是对的吗？生多少个才对？如果一个女人有了孩子，她还应该考虑其他事情吗？她可以有事业吗，还是她现在只能想着孩子，不做其他事情？男人应该如何对待妻子？他该娶多少个妻子？

> "只有我所属的群体／我们的生活方式才是唯一正确的方式，任何其他方式都必须停止，因为当我看到我不认同的东西时，会感到不悦。"这种错误认知是这个星球上大多数不幸的基础。不仅被压迫的人感受到痛苦，压迫他人的人本身也感到痛苦。实际上，其中最不快乐、最没有满足感的人就是那些压迫他人的人，因为这样做时，你就无法顺随最重要的关系，也就是有形的你和无形的你之间的关系。

虽然你期望内心诞生新的欲望，也想要实现这些欲望，但无论如何，你都不打算以任何方式阻碍别人的欲望。你知道这个世界足够大，每个人都可以创造自己的欲望。当你观察到别人发出愿望时，并不担心自己的愿望因此受到阻碍（即使你不喜欢你所见到的），因为你知道自己有足够的力量专注于你所期望的事物上。因此，没有必要除掉你不想要的事物。你希望能决定你想要什么，并通过专注的力量和吸引力法则把你想要的东西吸引过来，你也允许其他人这样做。你明白多样性不仅是你的力量和拓展的来源，也是你的存在的根本。因为，如果没有扩展，存在就不复存在。

只影响，不控制：
这可能吗？

杰　瑞：　我想再多谈谈我们彼此之间的影响力或控制力。我们对他人究竟有多少控制力？当其他人想要追求的东西与我们所求的不一样，我们又该如何避免被他人动摇心意，因此远离我们真正想要的东西？

亚伯拉罕：　很好，你能看出控制和影响存在区别，我希望你能更深入地了解，当某人试图控制另一个人或某种情况时，他一定做不到。因为当你采取控制的态度时，你知道自己不想要什么。这会导致你的振动频率和吸引力与你的真实欲望相悖。即使你可以联合其他人抵制不想要的东西，即便表面看来你的力量压倒了对方，但你实际上从未真正获得控制权，反而更容易吸引不想要的事物。面孔和地点可能会改变，但你不想要的事物会接踵而至，你会发现，就算你能控制什么，也无法持久。

此外，企图控制情势和想要影响并扭转情势，两者之间几乎没有明显差别，仅仅在于你愿意付出多大程度的努力来改变现状。换句话说，当你寻求的是影响力，你可以用言辞来劝说，甚至以威胁手段强迫他人；但采取控制态度时，你可能会使用更强硬的言辞，甚至还会利用特定的手段来改变他人的行为。

还有一个区别，比影响和控制之间的区别更重要，即"察觉到你想要的东西，试着到达你想要去的地方"以及"觉察到你真正想要的东西，到达你想要去的地方"。前者更多是督促他人改变行为，后者则更偏向于鼓励他人去改变行为。

在你督促他人时，因为你想的是自己不想要什么，所以你真正的力量无法在此提供增益或帮助。如果你把注意力放在想要的东西上，就能消除和你的愿望相抵触的力量，这时你就能调动开天辟地的能量，你的影响力将变得无比强大。找回你真正的力量，顺随这股力量，你就能发挥强大的影响力，让其他人也找到自己的力量。

多元家庭：
如何在差异中找到和谐

杰瑞：一个独立思考、思想前卫、正在学习和成长的小孩，一对墨守成规、想要按照固定的思维方式和行为模式培养孩子的父母，他们之间如何和谐相处？换句话说，如果你的父母不愿意接受变化或新思维，该怎么办？

亚伯拉罕：这就要提到另一个错误前提——

错误前提
5
—

我比你年长，所以我比你更有智慧，
因此你应该让我来引领你。

你的父母，或其他比你更早来到这个世界的人，他们为你的到来准备了一个良好的环境，这确实对你多有助益，但这并不意味着他们拥有你正在寻求的智慧。你的扩展源于你自身的体验，你的认知来自你与你更广阔的视野之间的联系。绝大多数代代相传的引导、规则和法则都是由不懂得"顺随"他们与更广阔奥义的人们书写的。换句话说，这些人强加给你的指引其实源于狭隘的视角，并不能带你走向更好的境遇。

当然，你在有形世界的其他人身上是能学到东西的。许多创造发明和技能、技巧是在你出生之前就存在的，你不需要从头研究就可以从中受益。但地球上有许多普遍的信仰和你本来的面目相互矛盾，也和你存在的意义全然对立，接下来我们来看下一个错误前提：

错误前提

6

—

进入这个有形身体后，我是谁就已经注定了。
我生来注定要经历困苦的生活，
才能获得更高的个人价值。

你的存在不是获得有形身体的那一刻才开始的。你的意识振动，在无止境的时空里扩展成长，拥有无限的价值。当这一股有价值的、无形的、充满力量的、有创造力的意识振动，以你的形象出现，成为你心目中的自己。无形的你仍然存在，把力量倾注于纯粹且正面的能量，以及绝对的价值。

你盼望着进入有形的世界，因为这里是创造的第一线，而你是创造者。你很喜欢观察这个充满差异的世界，因为你了解差异的价值，它会帮助身为创造者的你专注于创造本身。你明白，你的生命中会不断涌现出新的想法，凭借着专注力，这些想法将成为有形世界中所谓的现实。你也知道选择、专注、顺随有创造性的想法将给你带来喜悦。你知道，你随时都能感受到当下的想法与内在本源的同频共振，并且你明白，那些积极和消极的情绪就是你唯一的指引，让你在永恒的成长道路上不断创造、发现和扩展。

或许你还记得小时候，当有人对你指指点点表现出不赞同时，你有什么样的感受。你那时感受到的负面情绪，表示他们对你的指摘和你的本来面目以及你真正的知识相背离。在那一刻，你感受到那些人用他们扭曲的观念，试图影响你。你的引导（负面情绪）告诉你，这些感觉把你的焦点转移到跟本源不一致的地方。

以这种背离内在本源的方式来看待自己（或其他任何事物）让你觉得并不好受，但随着时间推移，你逐渐习惯了失去主动权的不适感。到最后，你开始主动寻求他人的指导，而逐渐淡忘了自己的情绪引导系统。

现在，回到你的问题，父母想要以自己的方式训练孩子的想法时，孩子怎样才能和父母好好相处……我们是这样想的，首先，帮助孩子想起自己本来的面目。我们要提醒他，他本身是拥有引导系统的；我们要帮助他重新找回自己的力量，想起他最初的梦想。很多人可能会说，事情没那么简单："即使孩子能记得这一切，与他有关系的大人也是不记得的，更不认同他。那些人比他更强大，掌控着他的人生，他仍然被困在其中，无能为力。在这种情形下，一个孩子怎么可能寻得和谐？"

我们首先要对处在这种情况下的孩子做出回应，然后对父母说话，最后对提出这个问题的你做出回应。

说给孩子的话：
爱与自由的平衡

你的父母是好意。他们只是想帮你做好准备，应对生活中的苦难，像他们一路走来所经历的那样。

从他们的行为来看，你的父母不仅不记得真实的你是什么样的，也不记得真实的自己是什么样的。所以他们总是活得谨小慎微，他们觉得自己很容易受伤，因此认为你也一样。

要让父母们想起最初的一切，可得费一番功夫；而且除非是他们主动问，否则他们也听不进去我们说的任何事。等到他们愿意提问、倾听和回忆时，你可能已经长大成人离开家了。

如果你愿意问，愿意听（无论你几岁了），我们想告诉你最重要的一件事：别人对你的看法不重要，重要的是你自己的想法。如果你无所谓别人对你的看法，那么你就能守住本心，不偏离你本来的面目。无论发生什么，你都能感觉良好。

当你读到这里，记起你是一个充满力量的创造者，想要通过体验世界的差异性来决定自己此刻想要什么。如此一来，你对于别人的遗忘就会更有耐心。宇宙万物都是在响应你和你的感受，当你记住这一点，你就能掌控自己的感受了。这时候，你会发现有无数的助力从四面八方而来，帮助你掌控自己的生命体验。

当你独自一人，脑中想着与父母之间的麻烦事，你其实是在邀请更多的麻烦事进入你的生命。如果你在独处时能想一想令人愉悦的事，你就不会招来痛苦。有时候，你其实可以控制他人对待你的方式，你偶尔可能意识不到这一点。越不去想麻烦事，你遇到的麻烦就会越少；越不去想你的父母想要控制你，他们就越不想控制你；越多地思考让你愉悦的事情，你就会感觉越开心。你感觉开心了，好事就会发生了。

你觉得父母应该为他们对待你的方式负责，但事实并非如此。父母怎样对待你，实际上是由你自己把控的，当你听到这里，并付诸实践时，父母行为上的改变将会给你佐证。最棒的是，你将向他们展示（即使他们没有意识到）比起苛求带来的和谐，激励带来的和谐更令人喜悦。

说给父母的话：
放手也是一种爱

> 你在孩子身上看到很多你不想看到的东西，未来你
> 只会看到更多不顺眼的地方。你从孩子身上发现的种种
> 问题，比起孩子本身，你的责任其实更大。其实你和所
> 有人的关系都像这样，但由于你更在意自己的孩子，你
> 对孩子的行为产生了更大的影响。

如果你能把焦点移开，忽略孩子身上不讨你喜欢的地方，不
在脑海中反复回想，不跟他人抱怨，也不为此担忧——这样你就
不会释放出强烈的振动，对你不喜欢的事情发出邀请。

当某个人或某件事引起你的关注，你有两个方向可以选择：
专注于你所期望的，或者专注于你想要的。想起孩子时，如果你
能把注意力倾向于你想要的，你就会看到孩子向着你所期望的方
向转变。你的孩子是一个伟大的创造者，他在寻求幸福感和价值感。
如果你不再对他妄加评判，不强迫他走他不愿意走的路，他就能
更接近符合他本真的美好品格。

如果你处在恐惧、担忧、愤怒、沮丧的状态下，就会引发孩
子做出不好的行为。

如果你处在慈爱、感激、热情、愉悦的状态下，就会引领孩子做出更好的行为。

你的孩子不是为了取悦你而生的。

你不是为了取悦你的父母而生的。

说给提出这个问题的你：
答案就在你心中

不要担心孩子因他们无知的父母失去自由，也不要担心无知的父母被孩子牵绊住。你要知道，他们都想要共同创造的体验，以全新的方式感受自己的愿望。他们正在开始第一步（要求）的体验，从中厘清他们想要的是什么。

因为感受到父母的控制，孩子的愿望形成了，他们想要……

……享有更大的自由。

……被喜爱和赞赏。

……更敬重他人。

……实现独立自主。

……获得扩展的机会。

……获得有卓越表现的机会。

通过行使父母的权威对孩子进行控制，父母也有了愿望，他们想要……

……享有更大的自由。

……体验更多的合作。

……看到孩子有美满的人生。

……孩子准备好面对他们即将步入的人生。

……被理解。

换句话说，这种共同创造的差异体验，让每个人都投射出更多的愿望，振动频率也跟着扩展到了新的领域。他们之所以感受到负面的情绪，原因只有一个：他们还没有随顺扩展。生活把他们变成了他们不能接受的样子；父母和孩子都把对方当作自己变成如今这副模样的罪魁祸首……在你出生之前，你非常喜欢差异的关系，因为差异才能让你实现扩展。只要你能随顺这种扩展，你就会赞美这段看似艰辛的经历，感谢它的成全。

家务与琐事：
矛盾如何化解?

杰　瑞： 用什么方式才能让一家人齐心协力地分担家庭中的责任，参与家庭活动，同时保留自由的感觉呢?

亚伯拉罕： 谈到责任时，你们指的一般是行动。我当然明白，要打造、管理和维系居家环境，有很多行动任务需要家庭成员们共同分担。我也明白，对大多数人来说，当有一系列需要完成的事情，又有特定的一些人来共同完成这些任务时，制订行动计划似乎是合乎逻辑的。然而这种情况下，经常会出现的问题是，分配家庭活动的人多半是根据自身的不平衡来分配工作——这种不平衡并非因为他们的工作量太大，而是因为他们觉得自己的工作量超出了他们心中公平的分配量，并为此感到愤怒；或因为别人做事的方法和他们想要的不一样，因此感到挫败……虽然我们要讨论的是组织和维系家庭秩序的行动，但应该先达到个人频率的一致。

这让我想到了另一个错误的前提：

错误前提

7

—

只要足够努力，我就可以实现任何目标。

当你的振动频率与你想要的结果不一致时，哪怕付出再多的行动也无法达到目的。如果你不想办法和自己真正想要的东西达成一致的振动频率，反而通过行动来对抗或修补眼前的问题，吸引力法则会给你带来一连串麻烦，你永远赶不上它们。如果你把关注点放在各种问题上——吸引力法则就会给你带来一连串的麻烦，快到你根本处理不过来。如果你只注意到家里乱七八糟的环境，吸引力法则就会给你带来更多混乱、干扰和问题，你根本无从处理。

简单来说，吸引力法则在响应你发出的振动时，所发出的能量一定会让你追赶不上。要让生命或家庭（或你的关系）回归秩序，只有一个办法，那就是发挥频率一致的惊人力量。当你做到这一点，原本困难重重的问题就能迎刃而解。

你不可能一直关注未完成的任务和不合作的家庭成员，否则他人永远不会和你好好合作。你必须放下挣扎，把注意力放在你真正想要的结果上。你必须先找到能给你带来情感体验或情绪反应的情感场所（feeling-place），比如一个井井有条的、关系和谐且令人感觉很好的家，然后你才能激发其他人的行为。你生命中的人一定能带来你所期望的东西，精准无比，从无例外。

很多人告诉我，他们认为负面的期望来自负面的行为，而不是负面的行为来自负面的期望。"我从没想过我儿子不肯去倒垃圾，直到他一而再再而三地拒绝，我才会产生负面的期望。" 你可能陷入了一个无休止的循环，你将负面的感受归咎于其他人的负面行为。但是，如果你可以控制自己的情绪，思考如何改进，从而获得更好的感觉，你会发现无论负面的浪潮是怎样开始的，你都可以扭转乾坤。你无法真正控制其他人的振动频率（或者说他们的行动），但你对自己的思想、振动频率、情绪和吸引力有着绝对的把握。

当想法不再一致：关系如何继续？

杰　瑞：　有些人的关系曾经很和谐，但后来他们的关注点发生了变化，开始出现分歧。那么当关系双方的个人利益和愿望不一致时，怎样找回和谐？

亚伯拉罕：　　这个问题很好地为我们引入了下一个错误前提——

错误前提

8

—

要享有和谐的关系，我们必须拥有一致的愿望和信念。

　　人们总是竭尽全力地抵制他们不想要的事物，他们相信，当他们碰到和自己拥有相同信念的人，携手抵制不喜欢的事物，他们就能达到和谐。但问题在于，当他们专注于自己不想要的事物时，他们既无法与自己的愿望达成和谐，也无法与无形的自我达成和谐（无形的自我和愿望一定能保持和谐）。因此，当他们反对他们不喜欢的东西时，他们的基本存在状态是完全不和谐的。虽然他们和其他对抗同样想法（或敌人）的人具有一致的意见，却离和谐相去甚远。

　　你必须先找到你和无形的你之间的和谐，只有在那之后，其他层面的和谐才有可能实现。当你持续联结你和无形的你，保持和谐的频率（也就是我们所说的随顺状态），即使你与他人存在分歧，也能够达到和谐的关系。事实上，这正是最适合扩展和喜悦的环境：有着多样化的信念和愿望，但和本源始终保持一致的振动频率。

　　一段关系在初始阶段往往很美好，因为你们那时候都在寻找自己想要看到的东西。因此，在刚建立关系时，你们通常怀有更积极的期待。而且，寻找积极的方面是一个强大的工具，可以帮助你找到适合自己的节奏，和自我享有一致的频率。在这开始阶段，你可能觉得这种完美的感觉来自你与对方的和谐一致。而事实上，对方只是一个积极的由头，让你发现你与本来面目之间的和谐频率。

　　内在本源只看得到你的伴侣身上的积极方面，只要找到积极的方面，你就和自己本来的面目达成了一致的振动频率。

如果一方不愿放手：
是坚守还是优雅退出？

杰　瑞：　如果你和你的伴侣在愿望方面真的相差很多该怎么办？如果其中一个人决定结束这段关系，另一个人想要继续又该怎么办？

亚伯拉罕： 我明白，这个问题看起来像是两个人抱有"完全不同"的愿望。但事实上，双方心中都有一个强大的核心愿望：想要获得更好的感觉。一个人相信，分手能让两方都感受更好；而另一个人深信，在一起才会更幸福。

开始讨论这个话题前，让我先列举另一个错误前提。很大程度上，正是这个错误前提使得这个问题令人困惑：

错误前提

9

—

愉悦感来自行动。当我的感受不好时，唯有采取行动，我才能感觉更好。当我知道是什么原因造成这种糟糕的感觉，我就能离它远远的。一旦远离它，我就会感觉更好。只要远离了我不想要的东西，我就能获得我想要的东西。

一段关系所带来的美好感受，和你们在彼此身上找到的和谐没有关系（现在这种和谐状态可能已经消失了），而是因为你与你本来的面目达成了一致的振动频率。的确，不把注意力放在你不想要的事物上，你更容易与自己达成和谐。因此，如果你身边有个讨你喜欢的人，他可以吸引你正面的注意力，同时不会破坏你的频率。但是，相信另一个人会让你快乐是不对的。快乐是你自然存在的状态。正确的理解是，你因为这个让你快乐的人，而使自己的注意力不会远离本来的面目；当你处在不甚愉悦的状态中，或许是眼前这个令你讨厌的人，使你的注意力远离了本来的面目。

除了你自己，没有人能真的影响你的感受，当你发现这个道理，你就能真正地快乐了。如果你觉得别人需要对你的感受负责，那么你必定被此束缚，因为你不可能控制其他人的行为和感受。

你自然想要远离让你感觉不好的事物，但是在这样一个纳入型的宇宙，你根本不可能真正地远离。当你把注意力放在不想要的东西上，你的振动频率就会趋向你不想要的东西，然后你便无法逃离了——吸引力法则的力量比你所能采取的那些行动更强大。

离开一个令人不快乐的情况后，吸引力法则很快会给你带来其他的令你觉得不快乐的情况，速度相当快。你无法逃离。要到达你想去的地方——能让你感觉更好的地方——你必须让有形的你和无形的你保持一致的频率。

30 分钟能量校准法：
快速提升频率

每晚上床之前做好准备，第二天就能享受美好的一天。

找出你身边值得赞美的东西，比如床铺、床单和枕头。然后告诉自己你要好好睡一觉，接着来一顿令人神清气爽的早餐。第二天早晨醒来后，多躺五分钟，感激周围的事物，然后刷牙洗脸吃早餐，让自己更有精神。接着静坐十五分钟，让心灵平静。感受心中的抗拒慢慢消失，感受振动不断增强。然后睁开眼睛，用五到十分钟写下一份清单，列出生命中令你觉得感激的事物。

以这种方式调整能量，所产生的吸引力除了能让你有机会碰到令你感觉美好的人、事、物，还能增强你的能力，让你更好地体验其中的美妙。与其刻意去做什么事情，去什么地方，不如有意识地让这些事、人和物主动来找你。一旦你和本来的面目达成一致的频率，就会被吸引到一段截然不同的关系中。你现在的关系也许就是你一开始的振动频率吸引而来的，现在你的振动频率改变了，关系也会重新建立。

如果你从频率几乎一致的地方进入目前这段关系，就很有可能找回当初的美好感觉。如果你是为了逃避某些不愉快的事情才进入这段关系，那么这段关系的基础大多是建立在你不想要的东西上，而不是你想要的东西上。

无论如何，先让自己感觉良好，然后再行动，才是最好的做法。当你感觉很差劲的时候，就无法得到任何启发，也就无法采取行动去解决问题。

世上真的有
完美适配的人吗？

杰　瑞： 我们有没有可能找到"完美的伴侣"，并与他发展关系？如果有可能，怎样找到那个人，你有什么建议？还有，你怎么看待所谓的"灵魂伴侣"？在你看来，有理想的精神伴侣有没有可能存在？

亚伯拉罕： 在你的一生中，通过与他人的互动，你已经明确了那个人身上有哪些特质是吸引你的。渐渐地，你散发出对那些令人愉悦的特质的渴望。你打造出了适合你的完美伴侣范本。然而，在你真正找到完美伴侣之前，你必须让你的振动频率与那个欲望保持一致的振动。也就是说，你必须始终对你想要的事物保持一致的振动。

还没有遇到你的伴侣，你因此感到孤独，这说明你和你的内在频率不一致，而这导致你和那个伴侣的相遇被延后了。当你嫉妒那些拥有美好关系的人时，你和你的内在频率也不匹配，你与美好关系的相遇也因此被延后了。如果你总是回忆起令你不愉快的关系，并把它作为你想要或者需要新关系的理由，那么你就把自己和不想要的东西联结在一起了，你真正想要的东西就要靠边站。但是，如果你能让自己持续感觉良好，即便你现在还没有处在理想的关系中，终有一日也会和美好关系邂逅。事实上，这就是吸引力法则。

所谓"完美"的伴侣，指的是你和你的伴侣拥有相匹配的人生期望。但要想找到完美伴侣，你就得让你的振动频率与那些期望保持一致。如果你满脑子想的是"我的生活缺少一位伴侣"，那你是不可能找到这个完美伴侣的。你必须停止发出"我缺少伴侣"这样的振动。

你在当前的人生经验中不断做出筛选，因此产生新的愿望。与此一致的是，在你出生之前，你便对接下来即将获得的人生经验生出期待。这些愿望和期待包括：获得有创造性的特质或才能，具体想做的事，共同创造这件事的人。"灵魂伴侣"就是这样的一个人。不过我们通常会弱化"灵魂伴侣"的概念，太多人想要拥有他，但事实上，每个与你共享这个星球的人，从某种意义上来说都是你的灵魂伴侣。人们寻找的那种联结感，与某人在一起时激动的心情，其实不来自和你在一起的人，而来自你和自己内在本源的联结。我们更愿意将灵魂伴侣看作你和自己的灵魂、本源、内在、自我的匹配和联结。当你向自己的内在本源发出类似的振动时，你就实实在在地找到了自己的灵魂伴侣。如果你坚持这样做，那些被你吸引到身边的人，将从根本上给你带来极大的满足感。

　　　　想清楚你在一段关系中想要什么以及为什么想要。然后找到身边拥有良好关系的人，去欣赏他们的优点。列出与你共度时光的人身上好的地方……事实上，通往美好关系的最快方式就是找到让你一直感觉良好的任意主题，然后专注于它，即使它与关系本身并无关系。

　　当你意识到，你已在振动维度上创造出了完美的关系，它已开始对你的人生产生影响，那么你现在的任务就是不要发出与之相反的振动。在阻碍人们和自己的完美伴侣相遇的诸多原因里，排头号的就是人们总是想着"我还没有找到合适的伴侣"，并因此感到不适。不妨多提醒自己，你已经完成了任务，表明了自己的愿望，发射出愿望的火箭。你的本源力量正在关注着这一系列的愿望，吸引力法则已经为你安排好了和完美伴侣相遇时的情境以及即将发生的一系列事件。现在你的任务（你唯一的任务）就是不要去做那件阻止你们相遇的事情。当你"那样做"时，你总是会感到消极的情绪，从无例外。因此，当你感到孤独、脾气暴躁、不耐烦、灰心丧气或嫉妒时，就是在延迟自己与完美伴侣相遇的时机。如果我们处在你的位置，我们会提醒自己，我们已经向宇宙发出了请求。我们相信，创造工作已经大功告成了！往后我们再想起这些事，只会是思考的乐趣。当思考是令人愉悦和满足的，当你的思考不再试图阻止尚未发生的事情、带来矛盾的能量，那么你发出的振动将会是纯净而强大的，你的创造就可以毫无阻碍、水到渠成地实现。

如何找到
理想的事业搭档？

杰　瑞： 在寻找事业伙伴时，你会选择能力出色、有特定技能的人，还是与你目标一致的人？

亚伯拉罕： 我想给你完整的答案，但首先来看另一个被广泛相信的错误前提——

错误前提

10

———

**我不可能获得我想要的所有东西，我必须放弃一些重要的东西，
才能得到其他的。**

在你体验过的各种关系里，一些特质让你感到愉悦，另一些

则令你反感。如此就不难理解，为什么你会逐渐相信，你想得到好的东西就必须得接受不好的东西，你必须忍受不想要的东西，然后才能得到自己想要的东西。此外，由于大多数人只会简单地观察现状，而不会费力气去引导自己的思维，所以他们会持续地专注于眼前的事情。这样一来，他们就会吸引他们所专注的东西，再继续专注，又得到更多……然后得出结论，他们对自己的互动对象几乎没有控制力。

把注意力放在你想拥有的美好特质上，你就能训练自己的振动频率和此类特质达成一致，这样一来，吸引力法则就不会把你和糟糕的特质匹配了。把注意力放在你不想要的特质上，你的振动频率就会逐渐匹配这些糟糕的特质，吸引力法则就再也不会给你带来拥有美好特质的人。

你所谓的"能力出色"的人，通常是振动频率和本来的面目一致的人。才智卓越、思路清晰、直觉敏锐，这些"能力出色"的具体表现，是振动频率一致的人才有的特质。

无论是事业方面还是私人生活方面，如果我们要寻找一位合作伙伴，我们第一时间会想找一个能够和自己的内在频率达成一致的人。如果一个人的频率和本来的面目同频共振，他会感到愉悦，有所领悟，收获幸福、爱和所有美好的事物。

要找到这样一个人，最重要的一点是，你的频率需符合你的本来面目，只有这样，你才能和这样的人同频共振。

和本来面目不一致的人，总想着依靠他人改变自己的境遇，这种逻辑的固有漏洞在于——如果你和自己的本来面目不一致，就不可能找到你想找到的人。

因此，对于这个重要问题，我们的答案是：有一些快乐的人，他们并没有你需要的技能，对你的业务没有助力；还有一些人拥有和你的业务相匹配的技能，但他们并不快乐。如果是我们，我们会选择一个看起来快乐的、有才能的、能力和我们的业务需求相匹配的人。简而言之，先追求你与本来面目的和谐（这意味着要快乐），你所追寻的一切都会应邀而来。

谁最有资格领导我们？

杰 瑞： 说起领导力，你觉得在我们当中，谁最有资格为其他人制定标准、规范和法则？

亚伯拉罕： 你的问题涉及了我前面提到过的一个错误的前提，即认为生活有正确和错误的方式。作为社会生物，你的目标就成了找到所谓的"正确"生活方式，并让其他人遵循它。

然而，世界上的多样性对人类而言有着极大的价值，因为所有的新想法和扩展都是从多样性中产生的。如果没有多样性，人们就会陷于自我欣赏，最终走向终结。

让我们进一步探讨这个错误的前提。假设你的群体中所有人都达成了完全一致的共识，不管是通过劝说还是强制，总之，全世界的人们都认同了一种被认为是"正确"的生活方式。然而，每天都有新生儿降生，他们来自强大的无形维度，生来渴望多样性。这是一个完美的过程，一些人加入（通过出生），一些人离开（通过死亡），而大多数人保持不变，这为群体提供了连续性和稳定性。

作为独立的个体，你不断地发出振动请求，要在这星球上过上更好的生活。这既是为了自己，也是为了集体。不论是从个体还是集体的角度来看，这种振动请求都是无法停止的，而有求必应的宇宙会稳定地回应这些请求。

我们刚刚讨论的群体中，最稳定的核心人群通常固执地坚守狭隘的信念（因为他们关注于眼前发生的事情），这使他们无法立即得到想要的改善……至于那些年长的、更加固守自己方式的人，他们会逐渐离世；而那些开放的、充满热情的人则会出生。以这种方式，生活不断得到改善，这正是对你们在生活中所发出的请求的回应。

许多人认为，某些意识形态更有助于创造美好的生活，而在这些意识形态中，有些人更适合领导、指导、制定法则和决定如何实现更好的生活方式。这些对生活的塑造令人愉悦和满足。但是你们星球上正在发生着一件比这更重大的事情：你们的族群有数十亿人，生活在完美的多样性中。正如你所见，你们不断地寻求发展，以便为下一代创造更好的生活体验。如果你能够理解这一点，并不再渴望"唯一正确的生活方式"，那么情况就会更快地向好的方向发展。

因此，对于你的问题，"在我们当中，谁最有资格为其他人制定标准、规范和法则？"答案是：没有人比你更有资格为自己设定标准。不过，不必担心，因为你发送邀请的频率信号不会停止，而你的本源也不会停止回应它们。当你不再抵抗你所邀请的事物（通过专注于它的对立面），它就会立即在你的生活中显化。换句话说，如果你关注的是你的管理机构或某位领导人正在做的让你满意的事情，那么你就不会抵触你在生活中所选择的事物。如果你被自己看到的某些事物困住了，并且长期与之对抗，那么实际上你是在用那些不想要的事物来阻碍自己想要的事物。

尽你所能去赞赏你的管理者或任何其他人，这样，你就不会把本应属于你的繁荣生机拒之门外。这些生机正蓄势待发，随时准备来到你的生活中。强大的吸引力法则最有资格为你设定个人生活的标准，一直如此，从无例外。

好的管理者
是什么样的？

杰　瑞： 那么，你认为对我们来说，最好的管理者应该是什么样的呢？

亚伯拉罕： 最好的管理者应该允许你自由地存在、行动或者拥有你想要的东西。这样的管理者只有在你理解了自己是如何获得一切之后才会出现。你瞧，你的管理者在很大程度上已经变成了由规则和条例构成的体系，旨在限制你们相互伤害，并提供保护。当你明白，一切都是通过你的思维邀请而来时，这些限制就不再必要了。到那时，管理者就可以回归到最初的设想——更多地提供服务，而不是限制或控制。

创造的三步法则：
从想法到现实

创造的过程中一共有三个步骤：

第一步：提出要求（生命体验的差异促使提出要求）。

第二步：响应（这不是有形的你能做到的，而是来自无形的本源能量）。

第三步：随顺（你必须找到自己的方式与你想追求的事物同频共振，否则哪怕答案就在眼前，你也无法将其融入你的生命体验）。

人类和动物从无形进入有形，各自怀着不同的意愿。人类可以更自然地参与第一步：关注事物，在时间与空间的多样性中过滤出你的要求（更好的生活体验），随着答案越来越清晰，你的生命体验也会得到提升。动物则更自然地参与第三步：保持与更广阔视角的同频共振。人类来到这个地球上，要通过更具体的目的进行创造。动物的创造成果没那么独特，也不太可能筛选差异并做出决定。简而言之，人类更具创造性，动物更具包容性。这是天性使然。

动物虽然也有差异的体验，也会发出振动请求，希望改善现状，但它们比人类更符合广阔的视角。积极地探究差异（如人类一贯所做的那样），引导思维和更广阔的视野维持和谐状态，同时体验积极创造的好处，这就是顺随的艺术。地球上的动物是彼此和人类重要的食物来源，但它们为地球上的生命带来的最伟大的价值在于，它们提供了振动频率的平衡。因为它们是本源能量的延伸，也和本源能量保持了明显一致的频率。人类和动物形成了一对非常美好的组合，正如你所知道的那样。

"有形的我"与"无形的我"：内在与外在的平衡

杰　瑞：　你会怎么描述我们当前的存在和无形智慧之间的关系？这两者间最理想的关系是什么样的？

亚伯拉罕：　这是个非常关键的问题，事实上，这本书就是以这种关系为基础的。你和内在本源之间的关系是所有关系中最重要的。除非你能理解这种关系，否则就不可能理解其他任何的关系。

进入有形的身体后，你很容易觉察到自己和其他人的不同。

和其他人共同生活时，你会清楚地区分"我"和"你"。同样地，你把"宇宙主宰""本源"或"无形"视为和"人类"分开的。

你把注意力投入有形的身体时，你同时也是"本源"的延伸。这里需要着重强调的是，本源并不认为它和你的身体是分离的。让有形的你脱离内在本源，让二者无法完全融合或实现共振，一定是有形层面的观点和行为造成的，而非来自本源的行为和观点。

本源，或你的内在本源（你可以用任何名词来称呼你的无形部分），了解有形的你和无形的你之间的关系永恒存在。本源也了解你和地球上其他生物之间的永恒关系。我们将在本书的其他章节中进一步讨论这一话题。

因此，在这本以关系为主题的书中，我们想要重新定义你与无形智慧的关系。通常，当你想到两个人之间的关系，你会觉得两人是独立的个体，通过行为与他人互动。我们希望你了解，你从未脱离你的本源，你就是本源的延伸；我们希望你能时刻感受自己与无形的自我是否达到了同频。当你的思维和更广阔的视野完全调和时，我们希望你能觉察到自己对更广阔的视野了解得非常透彻。如此，更广阔视野的完整知识就会在你体内川流不息，让你容光焕发、耳清目明、不胜欣喜。当你感到困惑、生气或在任何方面感到不舒服时，我们希望你意识到，此时你脑中的想法已经不符合广阔视野了。

"人类"与"无形智慧"之间的关系等同于你的引导系统。

"人类"与"无形智慧"之间的关系等同于一切存在的扩展。

从本源的观点来看，"人类"与"无形智慧"之间的关系是永远无法分割的。

从你的有形视角来看，"人类"与"无形智慧"之间的关系是十分多变的。你感觉越好，二者之间的联结或者说关系就越完整；你感觉越糟糕，联结或关系就越破碎。

你的问题直达本书的核心，也点明了"人类"在进入有形的身体时怀有的目的：你作为本源能量的物质延伸来到这个星球，你知道自己会去探索差异，不仅为自己，也为一切存在带来扩展。你知道，在任何时候，即使在你探索未知领域时，来自内心的引导也不会动摇，反而会持续发出幸福的信号。你知道，在任何情况下，你都可以通过"感受"的方式找回通往本源的路；了解有形的你和无形的你从未分离，仍然抱有一定和谐的频率……当你掌握了随顺的艺术，你就能和内在的本源持续保持同样的频率，每一段关系都会给你带来裨益，令你感到愉悦。

工作环境
不舒服怎么办？

杰　瑞：　亚伯拉罕，如果一个人有份他喜欢的工作，但有一个专横无理的上司，你会建议他换工作还是有更好的解决办法?

亚伯拉罕： 这为我们引出了另一个错误前提——

错误前提
11
—

远离了糟糕的处境，我就能找到我想要的东西。

任何事物都有它的振动频率。当你把注意力放在某样东西上，你就发出了振动频率。注意力持续一段时间后，你的内在就会产生同样的频率。要记住，当一种振动频率在你的内心活跃时，就算你远离不喜欢的地方，它依然存在于你的生命体验中。换句话说，"远离"这个动作无法产生足够的力量，助你抵抗思维的吸引力。

当你开始使用像"压迫性的"或"专横的"这样语义强烈的词语来描述你的同事时，这个你不想要的情况已经持续一段时间了。你心中已经发出了"反抗"的振动频率，你所产生的吸引力也相当强大。因此就算你采取行动，比如辞职、去找另一份工作，或者申请离开这个主管的部门调到另一个部门，但无论你去哪里，你都脱离不了自我。

　　远离并不会改变你的振动模式，就算你现在不会看到前上司身上你不喜欢的特质，但为了证明自己有理由换新环境，你会不断回想之前的经历，为自己的行为做解释。因此，那种"抵抗"的振动频率将继续在你的体内保持活跃。

　　即使当下很难看得出来，但在这段令人困扰、备受压迫的关系中，你收获了巨大的价值。因为在那些不愉快的时刻，你非常清楚地知道了你不想要被那样对待，不想丢掉自己的工作，不想别人贬低你，不想别人不尊重你，不想受人误解。在这一系列的体验中，你发射出愿望的火箭：你真正想要的东西，想要被如何对待。换句话说，那些不愉快的经历是你实现扩展、改善生活的起点。

　　当一些事情发生，使你启动了愿望的火箭，你更广大的部分（你的本源，或内在的自己）就会随着愿望的火箭同时获得扩展，让你享受更美好的体验。唯一的问题是：你和扩展之间的关系如何？你是否心向更美好的一面，是否能欣赏带来拓展的差异，是否以乐观的心情期待在工作环境中增进生活体验？还是你只是继续谈论着过去经历的不公平，让你的振动频率无法符合扩展后萌发出来的新关系？

　　负面情绪出现，代表着你的生活已经出现了扩展，而你正在阻止这种扩展。每一次都是如此，没有例外。这意味着无论你认为是什么导致了你的负面情绪（当然，我们理解你为什么想为自己的负面情绪做辩解。如果为负面情绪做一些正面的解释，说不定感觉会更好一些），它都在阻止自身的扩展。就是这样。

　　如果那个让你困扰的上司没有激发你的愿望，使你扩展到不同的领域，你就不会因为抗拒这种扩展而感到不安。因此，你所寻求的更好的解决方案是：尝试与现在面临的情境和解，或许还需要承认，这个让你不喜欢的人实际上帮助你更清楚地了解了自己想要被如何对待，以及如何对待他人；去寻找关系中的积极方面，而不是一味地抵触那些不讨喜的部分；让自己稍微冷静下来，这其实很简单，比你最初设想的要容易得多。在这个过程中，你甚至可以试着想象你的上司并无恶意，这样你的内心抵抗就会减弱，你就会朝着刚刚找到的新方向前进……如果你希望改善生活中的现状——无论现状如何——只要你不再持续发散与你愿望相悖的振动，你的愿望就一定会实现。但你不能一边坚持你不想要的振动模式，同时又期待得到你想要的。这违背了吸引力法则。

怎样才能
心想事成？

杰　瑞：　你说过我们都可以得到自己想要的东西，但如果其他人也想要得到他们想要的东西，人人都能心想事成吗？我们的愿望怎样才能不发生冲突？

亚伯拉罕：　为了回答这个重要的问题，我们首先需要纠正一个常见的错误前提——

错误前提

12

—

**资源是有限的，我们只能从一个固定的资源池中
汲取资源以满足自己的需求。
因此，当我满足了自己的某种需求，
就剥夺了其他人获得该资源的机会。
所有的物力、资源和解决方案都是已经存在的，
只是在等待被发现。
如果有人先发现了，那么其他人就会失去这个机会。**

许多人认为物力、资源或解决方案是被"发掘"的，但我们希望你理解，它们实际上是被"创造出来的"。为了实现变好的愿望，你想要改善自己的生活，发出要求积极改变的振动频率。在对有形的生活进行探索时，你不仅是在发掘更多的利益，也是在创造它们。

许多人因为误解了不断演化、不断扩展、不断接受新创造的资源池，而剥夺了自己实现愿望的机会。如果你不了解这个星球的创造过程，以及你在扩展中扮演的重要角色，你可能会像许多人一样，因为误解而感到匮乏。

你之所以会产生竞争的感觉，大多来自这个错误的前提。你的诞生不是为了争夺这个星球的资源。你来到这里，是为了创造。如果你的有形实体能够激发你内心的渴望，我们可以保证，你的

有形实体一定有能力让这个愿望成真。你诞生时就已经知道了这一点。如果你能够完全记起，有意识地加以运用，你就能为自己争取到最丰富的资源——来自你本源的智慧、知识和能量，而这才是这个世界上唯一可能存在的匮乏。你会惊讶地发现，这种匮乏总是自己造成的，没有例外。

因此，你与共享这个地球的其他生灵之间并不存在竞争。他们永远也不可能夺走你的东西。事实上，他们的存在反而增强了你的接纳能力，因为通过与他们的互动，你自己的愿望被激发。除非你和愿望的振动频率不一致，否则你所有的愿望都可以得到实现。感到竞争或匮乏，觉得资源有限，这些都意味着你的振动频率不符合你的愿望。

法律与协议
会限制创造力吗？

杰　瑞：　我明白，你在鼓励我们关注当下的情绪，以便做出最佳选择。但是，我们如何才能"活在当下，继续创造"，同时进入有法律约束力的长期关系中呢？

亚伯拉罕： 无论你正专注于眼前需要思考和等待行动的事，还是在想着未来或过去的事，你都在激发一种振动频率。也就是说，当你想到某件事的时候，你现在的感觉就会影响它未来的发展。如果你在每个当下都能觉察到自己的感受，并且让自己感觉良好，你就能有意识地让当前的思维与内在的观点保持一致。这样一来，你不仅会拥有更多的愉快时刻，而且你思索的每一件事都会因为和你的内在观点同频而获益。

"如果你对某件事感觉良好，它将会以一种令人愉悦的方式变化下去。"有时候，人们不认同这种前提。他们会说，自己在一段关系刚开始时往往感觉很好，最终却变得不尽如人意。但如果你记得，每当你把注意力放在某件事上，你的思维时刻在影响你，那么你就会明白，快乐的开始之所以会走向不快乐的结束，是因为你的思维开始偏向了你不想要的东西，而你体验到了这种思想带来的不可避免的负面情绪。要让一段关系保持良好的状态，你需要持续且有意识地关注它的积极方面。如果你让"当下"的思想偏向你不想要的方向，就会让你所关注的对象受到负面的影响，无论是现在还是未来，都不会快乐。

很多长期协议一开始的用意是为了防范未来可能出现的不良情况，以这种方式开始一段关系，绝对不是好的基础。当你开始理解专注思维的力量后，你就不会再需要这种防范措施了。你对长久幸福的感知将会主导一切。

也许在当前情况下，或者由于法律的要求，你需要签订具有约束力的长期协议，如果你能记住，这些协议是可以改变的，那么你就可以保持平衡感和自由感。比如，你可能会签订一份为期二十年或三十年的购房协议，但如果你以后不想要了，你可以出售房屋，从而终止这份协议。许多人在婚姻中签订了"直到死亡将我们分开"的契约，但后来又通过"离婚"等新的契约对其进行了修订。

利用思维的力量，有意识地使你的振动频率符合扩展后的生命（也就是你诞生的目的），无论你现在在哪里，你都可以去往任何你想去的目的地。了解这一点，你就会豁然开朗。

为什么问题
总是得不到解决？

杰　瑞： 我发现，当人们试图通过疗愈来解决或修复特定的问题时，这些问题往往会持续多年。这是为什么？为什么他们的痛苦会一直持续？

亚伯拉罕： 因为每一刻都是全新的体验，无论何时，当下的构成要素都在不断变化，跟前一刻的完全不同。没有任何东西是永恒不变的。万物不断变化，但思维模式却难以更改，因此，就算事物在变化，它也会变得越来越相似。

如果一直纠缠于过去的问题，就不可能创造出更美好的未来。这显然与吸引力法则相背离。将注意力放在过去或现在的问题上会阻碍你为未来寻找答案，也会让未来充满新的问题。

在某种意义上，治疗是有价值的。接受治疗时，讨论在生活体验中你不想要的东西，可以帮助你更清楚地认识到自己想要什么样的改变。

但发掘了不想要的东西以后，如果你继续讨论让你不愉快的事情，你就会陷入不想要的吸引力模式。如果你清楚地察觉到自己到底想要什么，把注意力放在这些方面，那么你的生活一定会得到改善。

问题和解决方案的振动频率存在巨大的差异。问题是一种振动，答案则是完全不同的振动。经历了不想要的体验，你将发出改善现状的愿望，你内在的自己将专注于改善状况。当你和内在的自己共同专注这种愿望，围绕它去思考和振动，你将感觉情绪立刻得到了改善，而这种改善将开始在你的生命体验中逐渐显现出来。如果你继续强调不公正、不公平或那些不希望发生的事情，你就会让自己离变好越来越远。

我们对需要帮助的人
有多大价值？

杰　瑞： 如果我们看到朋友处于逆境，经历真正的不幸，或者缺少对他们来说非常重要的东西，我们该如何帮助他们呢？换句话说，我们如何成为他人的助益而不是阻碍呢？

亚伯拉罕： 无论是因为朋友的境遇导致他感到负面情绪，还是因为你意识到他的境遇让你感到负面情绪，你们两个都没有和更广阔的视角达成一致的频率。你对朋友苦难的关注，对他而言可能更不利，因为你放大了大问题的振动频率，导致问题变得越来越严重。如果你的朋友不断和你讨论负面的问题，你就会愈发感觉到问题的存在。但其实，你每次把注意力放在他的问题上，都不是在帮助他。

　　在这个充满差异的世界中，一旦你对任何问题投以关注，一定会引发要求解决方法的振动频率，而这些解决方法也一定会逐一呈现在你面前。所以，虽然通过讨论问题的细节，你确实可以增强朋友要求解决方法的力量。但他不需要你用放大问题的方式来强化他的需求。这是宇宙的差异所提供的自然过程……不需要为了得到解决方法刻意激化问题。

除非你能够将注意力集中在解决方案、他想要的事物，或者你认为对他有益的方向上，否则你对陷入困境的朋友毫无助益。如果你能有意识地保持良好的感受，即使在他不断强调问题的时候，依旧把注意力集中在可以改善的方向上，那么你就能发挥巨大的影响力，帮助他改善情况。换句话说，当你专心寻找解决方法时，你就和你内在的自己以及他内在的自己紧密联结，吸引力法则已经召集了所有共同效力的要素。如果你只是做朋友发泄问题的情绪垃圾桶，你的影响力将微不足道，对朋友也毫无价值。

更令人不安的是：你朋友所遭遇的问题，让他把愿望发送到他的振动实体中，由于你和他的关系，再加上你的关心，你把和朋友有关的愿望也发送到了你的振动实体里。换句话说，这项体验让你开始扩展，如果你不把注意力放在扩展的方向上，如果你不专注于朋友可能得到的改善和积极转变，你也会阻碍自己的扩展。

重要的是你要意识到，当你为朋友感到担忧，时常体验负面情绪时，这是因为你把你的关注点从你自己身上挪走了。虽然你的朋友可能是你把注意力放错地方的原因，但他并不是你与自己拉扯的根源。负面的情绪来自你的情绪。

寻找积极的方面，期待朋友获得好的结果，是你能为他们提供的唯一帮助。因为当消极的关注奔向你时，你根本不可能做出任何有效的抵抗。

所以，当我们与其他人讨论我们的问题和担忧时，我们对自己和他人其实没有起到任何帮助的作用？

确实没有。把注意力放在与你所期望的事物相反的方向上，从来不会带来任何好处。这对你和任何被你带入负面情绪的人来说都是有害的。

为什么你总是
陷入痛苦的关系？

杰　瑞： 一些人反复陷入令他们痛苦和愤怒的关系，他们好不容易结束了这段关系，又很快开始另一段类似的负面关系，这是什么导致的，如何改变这种状态呢？

亚伯拉罕： 远离一个不想要的处境并且不再重蹈覆辙是有可能的，但这需要你不去谈论它、不去思考它，也不去对抗它。这要求你把那些令人困扰的经历带来的振动完完全全地清除掉。而唯一让思想和振动完全停止的方法，就是启动另一个正面的思维或振动。要避免不想要的处境再次出现，不妨多说说你想要的处境。谈论你想要的，而对所有不想要的经历、情况或结果绝口不提。

控制思维可能会让人感到很烦很累，所以，改变思维方向，最好的办法就是强化要让自己感觉良好的愿望。一旦你决心让自己的感觉变好，你就能更早地发现负面的吸引力。负面想法在萌芽阶段比较容易被消解，当它的力量越来越强，就越来越难以消除。

童年经历
对人的影响
有多大？

杰　瑞： 很多自怨自艾的想法都源自我们的童年，不是吗？我想知道，大人对孩子思考方式的影响有多大？如果孩子从父母那里学到了反抗的思想，这样的思维模式注定会延续下去吗？

亚伯拉罕： 不能说是"注定"，但毫无疑问，孩子会受到父母思维的影响。任何人将注意力放在某件事情上，都会开始发出类似的振动。不过，请务必记住，无论你现在多大年纪，你当下关注的事物，和你内在本源对相同事物的观点，两者始终存在振动关系。

比方说，当一个成年人不赞成一个孩子的行为并对孩子加以指责，孩子会察觉到这种不赞同，就会在心中产生与之相应的振动频率。但与此同时，孩子的内在本源却在欣赏和认可他们，因为无论在哪种情况下，本源从不会收回爱或发出谴责。成年人不赞成的态度所引发的振动和本源发出的爱的振动无法实现和谐，这会导致孩子内心的不一致，产生负面情绪。负面情绪的出现，表明本源的观点和有形的你之间，出现了不同的振动频率。

需要注意的是，只有振动频率出现对立，才会产生负面情绪。换句话说，无论别人多么不赞成你的想法，除非你把注意力放在他们的不赞成态度上，而且时间长到足以在你的振动频率中激活相同的想法，你才会感受到这种不和谐。但是大多数父母深信自己是正确的，他们会非常努力地关注他们认为是错误的行为，最终在孩子的内心世界引发不和谐。

有趣的是，本源与大多数父母的态度和行为之间有显著差异：无论情况多极端，本源永远不会从你身上撤回它的爱和欣赏，没有任何行为会导致本源停止它的爱；而意识上已经脱离本源的父母，却常常想要让你把注意力放到他们认为你做得不好的事情或者出现偏差的行为上。

观察你的孩子，特别是在他们刚开始承认错误时，是多么不情愿。即使你发现了他们身上的缺点或不当行为，他们的自然本能仍让他们对自己感觉良好。

从你受到影响偏离自己的价值的那一刻起，你心中最强烈的愿望，就是重新建立联结，找回自己的价值。在宇宙中，没有比幸福和自我价值更强大的推动力了。所以，即使你像大多数孩子一样，出生在大多数成年人再也无法意识到自己的联结世界，可是每当你瞥见这个联结，它都在召唤你。你也能感觉到。这本书的最大目的就是激发你的内在意识，引发一个自觉的决定——决定要和你的内在本源实现同频。

每当他人对你表现出赞同或不赞同，试图通过这种方式来引导或影响你的行为时……当你试图取悦他们，你就会削弱对自己的引导系统。如果我们作为父母站在你的立场上看待这一切，我们会鼓励孩子去感受他们自己的引导系统，并尽可能多地利用它。因为我们明白，无论我们传授给他们多少关于有形世界的知识，都比不上他们与更广阔视角保持一致所带来的巨大价值。换句话说，我们绝不会要求任何人为了迎合他人的期望而忽视自己内在的广阔视野。

家里那个让人头疼的孩子：如何应对？

尽管大人们的世界对孩子有着强烈的影响，但还是有很多孩

子能够坚守他们更广阔的视角。这些孩子常常被父母和老师贴上
"有问题"或"麻烦"的标签，经常被人说"固执"和"没长进"。
但我们想让你知道，决心引导自己，跟随自我引导系统，是所有
人与生俱来的愿望。许多人降临到物质世界时，怀抱着一个强烈
的愿望，即坚定地保持与自己更广阔视角的联结。因此周围的人
会觉得，一旦这些孩子下定了决心，便难动摇。这其实是一件好事。

很多社会化程度高的人，经常会去寻求他人的认可，但他们
过得并不舒坦，因为要去与他们周围某个有影响力的人虚与委蛇
并不是一件简单的事。

很多人花了很多时间努力融入社会，不惹麻烦，寻求他人的
认可，最后才意识到这种做法是徒劳的。因为无论他们如何努力
取悦他人，对他们不满意的人总是比喜欢他们的人更多。而且，
究竟谁有资格来决定如何生活才是正确的呢？

你生活在一个美好的觉醒时代。在这个时代，更多人能意识
到自己的价值。在这个时代，只有少数人会试着推开不想要的东
西，妄想只留下他们想要的，最后发现这根本不可能。在这个时代，
更多人能意识到他们长久以来一直追寻的不是改变他人的行为，
或改变他们无法控制的物质世界，而是领悟他们自己与本源的振
动关系，他们对此才有完全的掌握。

从混乱走向和谐的关键：
找到你的节奏

杰　瑞： 如果你幼时出生在不和谐的环境中，或者你是一个讨厌自己工作环境的员工，你要如何在这样的情形下保持积极的个人生活体验？

亚伯拉罕： 我们会建议你先冷静，在意识到矛盾后尽可能不显露出来。事实上，你应该尽力不去关注矛盾，因为当你忽视这些不和谐，你内心就不会激活起关于它的振动，那么吸引力法则就能让你远离所有不和谐的遭遇。

相反，如果你意识到了不愉快的事情，还把注意力放在上面，想要平息它，那么你就激活了内在的振动频率。它会将你拽入你不想要的混乱之中。在你的视角里，你识别到了不当的事情，指出了它，但那些参与了这件事的人会奋起反击，试图说服你，真正错误的人是你。然后你反击，然后他们再接招，不和谐的局势会愈演愈烈，双方都找不到长久有效的解决方案。

出现矛盾时，所有涉入其中的人都有意去改善当下的状况，但通常情况下他们都在激烈地与他人对抗，以致即使解决矛盾的方法可能就在眼前，他们却看不到。当你看到了你不想要的东西，你再也无法忍受，想要愤然逃离，去往别处，但这么做不是长久之计。因为让你离开的是你内在主导的振动频率，这意味着会有更多类似的情况正要变成你的生活体验。换句话说，搬到新地方、换工作或开始新的关系，并不会改变你吸引力的焦点。

听起来有点奇怪，但要迅速看到改善情况，进入更好的新境界，最好的办法就是与你当下的处境和解。在当前情境中找到你能看到的最积极的方面，放下抵触，迎接更好的结果。如果你继续抱怨当下的不公平，你的振动频率就只符合你不想要的东西，无法朝着更好的方向前进。这违背了吸引力法则。

因为你对改善的强烈愿望总是源自让你不愉快的情况，无形的你早就体验到差异带来的好处，你也能从现在开始接受差异带来的好处。刚开始可能并不容易，但真的只需要充分利用好你的处境，你就会发现这比大家以为的要容易得多。

在宇宙的每一粒微尘中，都有求而不得的东西。下定决心，引导自己去追寻你想要的东西，你就会改变抵抗式的振动频率，也不会长时间停留在你不想要的处境中。

消极的童年
必然导致消极的人生吗？

杰　瑞： 孩子会受到父母的负面影响，但这种影响不一定会持续到孩子成年，对吧？等小孩长大以后，他是否可以随时做出选择，让自己不再受到影响？

亚伯拉罕： 从你提问的方式上不难看出，你相信小孩无法控制自己和大人的关系。因此，你觉得要等这个孩子长大成人，能控制自己的生活、自己做决定后，事情才会好转。

　　如果阅读本书的你是一个成年人，你可以有意识地把你和内在本源的振动关系看作最重要的事情。你会进入幸福的能量涡，用积极的方法控制你所有的生活体验。但我们可以换个角度来看：作为一个孩子，即使是处在糟糕境遇中、难以控制自身体验的孩子，有形的你和无形的你之间的关系，也比大多数成年人要好。对于大多数人而言，在你小时候，这两个层面的振动频率差异较小。随着时间的推移，你会沾染上更多的抵抗性思维。这就是为什么很多孩子尽管看上去没有控制权，但他们大多比成年人更快乐。我们写这本书，就是要帮助你扭转这一过程。

　　　　我们希望你明白，无论何时，当你做出决定时，要

有意识地去觉察到你与振动频率之间的关系（这意味着，
你决定任何时候都要把你的感受放在至关重要的位置），
如此你就可以达到和谐统一，你可以接触开天辟地的能
量，可以实现自己存在的目的——过上幸福美满的生活。

　　除非你决定集中思绪，和本源达成一致的振动频率，否则你
无法感觉良好。人生的快乐不在于控制你周围的一切，而在于和
真实的自己达到一致。快乐不在于控制他人或环境，而在于控制
有形自我和无形自我之间的振动频率关系。与本源和谐共鸣，你
就享受快乐、爱、成功和满足。

不纠结过去，
专注于当下

杰　瑞：　　有很多经历过创伤的成年人相信，自己当前遭遇的
　　　　　　　问题都源自他们的父母。如果他们继续责怪父母，
　　　　　　　就不会再遭遇麻烦了吗？

亚伯拉罕：　　把当前的苦难归咎于遥远过去（比如他们的童年）

的成年人，会让不愉快的记忆保留在自己的振动频率里，无论那段记忆是关于父母、兄弟姐妹、恶劣的霸凌者，还是暴躁的老师。问题是他们不该长久持续地思考这些事。因为这样做的话，哪怕时隔多年，问题依然会存在。

我们把信念定义为你不断思考的想法。也就是说，无论你关注、思考、谈论、观察、回忆或沉思的是什么，不论这件事发生在过去、现在还是未来，当你这样做时，思维振动都会跟着活跃起来。你的情绪会给你实时反馈，让你知道当下活跃的想法和你内在本源的观点是否融洽。当你此刻的想法和内在本源的想法无法达成一致，你所感受到的负面情绪会昭示其中的不和谐。通常情况下，由于你并不能意识到这套情绪引导系统的存在，也不明白你可以转移焦点让自己感觉更好，所以你会放任这个不和谐的想法，你感到难过，也怪罪自己为什么要注意到这个问题。

你本能地知道自己应该感觉良好，所以当你感觉不对劲时，你知道出了问题。这种情况下，你自然会将感受到的负面情绪归咎于吸引你注意力的事物或人上。

因此，长期以来，每当那段不愉快的记忆浮现时，你就会感受到负面情绪，但你没有努力控制自己的思维，让你的观点符合内在的自己，因此振动频率的差异就越来越大。也就是说，你对你早年生活的负面信念将会越来越强，越来越明显，而且你会不断地将它们提到台前，把它们当作你和本源脱离联结的借口。

许多人认为解决过去的问题很难，因为在这段故事里的主角往往已经去世，即使他们仍然活在世界的某个角落，大多数人也会认为这些人不太可能承认自己的错误。而且，无论如何，伤害已经造成了……在充满创伤或情感起伏的童年时刻，无论是真的被虐待，还是在感觉上受到苛待，他们被当时的境遇影响，使注意力无法集中在本源能量上。反复多次以后，他们就会建立起一种负面的信念（一种持续的思维模式），只要一想到这个偏离本源的想法，他们就会把自己更深地推向不和谐的旋涡。

这个满怀怨怼的成年人没有意识到的是，此时不和谐的关系其实是关于他和他内在的自己，一股更广阔、纯净、积极的能量……他的痛苦并非来自童年时候受到的虐待（这是他无法控制的），而是源于此时此刻，有形的自己无法配合无形的本源——他对无形的本源才享有绝对的控制权。

集中思绪，训练你的信念，使之与你的本源能量保持一致。如此，你的情况就能得到改善。如果继续坚持"只有改变他人才能让我感觉良好"这样错误的前提，情况只会更糟糕。

执着于问题，
只会招来更多问题

杰　瑞： 过去的许多年中，我一直想着尝试解决问题。我相信只要我能够好好地思考问题，就能解决它们，但结果是大多数问题变得越来越严重了。

亚伯拉罕： 解决问题的唯一方法，就是让思想朝着解决方案聚焦。当你奔着解决问题的方向思考时，你能感觉到情绪在变好。然而回头看问题总是会让你感觉更糟。

这又得回到前面提到过的错误前提："如果我努力地对抗我不想要的东西，它就会消失。"而现实是，你越是反对它，它就会变得越强大，并且更频繁地出现在你的经历中。

要记住，每个课题实际上都包含两个子主题：你所期望的和你所不期望的。关注问题和关注解决方案，这两件事的边界看似模糊，实际却有着天壤之别，因为这二者的振动频率是截然不同的。要确定你的注意力此时落在天平的哪一边，最好的方法是专注于你的感受。你的情绪一定会告诉你，你是在关注更广阔的认知和解决方案，还是将注意力放在朝着问题的方向上。

那些关于
爱的问题

杰　瑞： "爱"这个字眼在我们的文化中有着崇高的地位。你如何看待人类与爱的关系？

亚伯拉罕： 在爱的状态中，你的振动频率和内在本源是完全对齐的。进入爱的状态，你就不会发出抗拒的振动频率。举例来说，如果一位家长把注意力放在孩子是否真的幸福这一点上，父母对孩子的看法完全符合内在本源对孩子的看法，因此没有产生任何抗拒，这位父亲或母亲就会感受到"爱"。但如果家长将注意力集中在他所认定的孩子的"不良行为"上，或者担心孩子遇到他不期待的事情，这些想法就跟他内在本源对孩子的看法背道而驰。父母的振动频率出现了抵抗，他就会感受到愤怒或担忧。

因此，和"问题"和"解决方案"是非常不同的振动一样，我们可以从振动频率完全符合内在本源的角度来讨论"爱"这个主题，也可以从振动频率完全不符合的角度来讨论。

一个受伤、担忧或愤怒的母亲对孩子大喊："你难道不知道我多么爱你吗？"她的话与内在本源是不符的。因此，即使她说出了爱这个字，振动频率也截然相反。

　　对于刚开始理解语言的孩子们来说，父母口中的话和伴随而来的振动频率的不一致会让他们感到无比困惑。父母用语言表达他的实际感受，对孩子来说是非常有价值的。如果父母在表达他们的感受前，能先让自己的行为符合内心最真实的感受（爱），就更有价值了。

什么时候
该放手一段关系？

杰　　瑞： 为什么人们经常会死抓着那些给他们带来痛苦的关系？

亚伯拉罕： 人们常常相信，即使一段关系并不让人感到愉快，但有总比没有好。因此，他们选择留下，因为生气似乎比孤独更好受一些，相互折磨似乎也比无依无靠更容易忍受。

杰　　瑞： 不适和痛苦达到什么样的程度时，你才会建议我们放弃负面的关系呢？

亚伯拉罕： 远离不愉快或不想要的事物，确实能让你暂时摆脱持续面对这些事物的困扰。选择不面对，你也许能更容易地找到令你愉悦的想法，也更能经常地与更广阔的视角保持一致。尽管果断离开能让你的问题得到短暂的缓解，但你仍然无法跟内在本源达成一致的振动频率。这种缓解不会长久——你吸引到的下一段关系，感觉起来通常与上一段非常相似。

当然，如果你经历了身体甚至言语上的虐待，我们会鼓励你尽快从物理层面撤离。然而，如果你一直想着被虐待的感觉，心中充满怨恨，并把它当作离开的理由，那么受虐待的感觉就不会消失。

如果你一直把注意力放在令人不愉快的想法上，这些想法将在你的心中持续活跃，让你的振动频率与解决方法和你真正想要的关系无法达成一致。简而言之，关注你不想要的东西并不能让你到达你真正想去的地方。这违背了吸引力法则。

人们经常会惊讶地发现，在一段关系中，如果你能够保持接触（不搬出去），同时挖掘更多你想要的东西，消除不想要的东西，你就会看到你们的关系得到极大的改善。你会发现自己再也不想逃离了。我们并不是说在所有情况下，用正面的方法关注他人，就能改变那个人的个性和行为。但我们相信，你只有发出积极的振动频率，才能得到相应的体验。

许多人说，如果不是因为其他人的行为那么讨厌，激活了他们负面的振动频率，他们的振动频率中就不会有讨厌的东西。我们的确认为，当周围人都感觉良好时，你的感觉一定会很好。但我们绝不会说你的感受是其他人决定的。你有专注的能力，因此不论周围人做出什么样的行为，你都能发挥振动的吸引力。

如果你每次看到不想要的事物，都只是简单地逃离到一个能让你暂时眼不见心不烦的地方，你最终会发现自己陷入一个无望的角落，被完全地孤立了。但是，假如每当你看到不想要的事物，明白它能让你知道自己想要的是什么，然后把注意力转移到你想要的事物上，你的体验就会变得越来越好。

与其从不愉快的关系中走开，或者要求你的伴侣改变自己的行为来让你舒心，不如从一连串的冲突中发射新的愿望火箭，有形的振动思维模式（或新建立的长期信念）能让吸引力法则帮你匹配全然不同的体验……你的生命一定会符合长期的振动频率模式（或信念），这是恒久的真理。无论你给你的消极思维和消极情绪找了多好的借口，都没用——它们仍然是你吸引力的关键。在你生命中出现的所有事物，都显示了你所秉持的信念和长久以来的思维模式。

当你发现你的思维模式不必受当前处境的控制，你就会充满力量，而你当下所面临的情况（无论是什么情况）也会随之改变……目前的关系让你生出新的愿望，在努力让你的想法符合这些愿望前，我们不建议你马上掉头离开。无论你选择继续这段关系，还是转向另一段关系，如果你能够让想法和愿望的振动频率相一致，你就可以得到你想要的关系。

第二部分

情感与
吸引力法则

完美伴侣——找到他、成为他、吸引他

Where the Law of
Attraction Assembles
All Cooperative
Relationships

为什么我总是
找不到真爱?

杰　瑞:　　杰瑞:作为人类,我们似乎很早就接受了要成双成对、恩爱一生的观念。你称之为"共同创造",但似乎许多人,甚至大多数人,都会在找寻伴侣的过程中感到困扰。有人担心找到的伴侣并不适合自己,或者担心根本找不到伴侣,还有人已经进入了亲密关系,却与伴侣相处得不愉快。那么,对于那些尚未找到伴侣但渴望拥有伴侣的人,或者那些已有伴侣却感到关系不和谐的人,你有什么建议呢?

亚伯拉罕:　　亚伯拉罕:当你决定来到这个有形的世界,你已为与他人互动、共同创造做好了准备,因为你知道,通过与他人互动,新的想法将会从这种碰撞中产生;你也知道,新的想法和愿望正是源于这些共同创造的经历。只要个人或集体专注于这些新的愿望,你期待的愉悦感受就一定会到来。

当你追求愉悦时,你要时刻记住,自己的快乐并不依赖于他人的行为,而是要始终把追寻愉悦感作为长期的目标。这样,无论是什么样的愿望,都会逐步实现。然而,当你感觉糟糕时——比如当你担心找不到伴侣,或者对现在的伴侣不满意时——你渴望的良好关系就无法实现,因为此时你并没有与自己的愿望保持一致的频率。

无论你是在寻找伴侣，还是与现有伴侣相处不融洽，你需要做的事情都是一样的：你对关系有一些期望，而你内在的自我也对关系有期望，你必须让这两者达到和谐一致。

如果你对亲密关系的最强烈的振动缺失，那么你渴望的关系就不会出现。当你内心最活跃的振动是问题本身时，你就无法找到解决问题的办法。

聚焦你真正想要的：
吸引力法则的核心

归根结底，你必须想办法发散出与你想要的关系相匹配的振动，而不是与你目前关系的现状相匹配的振动。在你得到理想关系之前，你需要忽略自己尚未拥有它的事实，或者忽略目前关系中的不愉快。这是最具挑战性的部分。你必须让你想要的东西而不是你所拥有的成为你振动频率中最强烈的部分；一旦你坚持这样做，你想要的和你拥有的就会融为一体，你的愿望便会实现。换句话说，除非你能够处理好你渴望之物与现有想法之间的关系（即无形的自我和有形的自我之间的和谐），否则你的每段关系都无法让你满意。

当有人将你作为关注的对象，并且对你流露出赞赏和喜爱时，你会感到很好。因为当他们欣赏你时，他们的观点与更广阔的视角一致。正面关注带来的本源能量让你感受到极大的力量。如果他们转向其他事物，或者因发现你的缺点和错误而改变振动频率，你可能会感觉自己像是断了线的木偶，失去他人带来的支撑。被他人欣赏的确能令你感到愉悦，这是理所当然的，但如果你要靠别人的欣赏获得愉悦感，那这种快乐一定是无法长久的。因为其他人没有义务或责任把你作为他们投入正面关注的唯一目标。然而，内在的自己即你的本源，始终将你视为欣赏的对象，毫无例外。因此，如果你调整你的思想振动频率，专注于本源对你的正面关注，你就会茁壮成长。

大多数人从小就有一个愿望：在生命的某个时刻找到人生的伴侣。无论是男性还是女性，都想象过浪漫的画面，就是和那个人手牵着手一起走在落日余晖下。他们通常觉得这种关系就是"安定下来"，然而这种说法本身含有一种消极的预期，意味着他们似乎要放弃一些自由和乐趣，才能获得一段认真的、稳定的关系。事实上，当他们观察了周围大多数人的关系后，他们并没有看到这些关系带来的快乐、满足和自由（这三样东西是他们本来面目的根源，也是他们想要的），反而看到的是快乐、满足和自由的丧失。因此，一提到婚姻和永久的关系，大家就会联想到强烈的不和谐，虽然大多数人期待自己最终能与另一个人结合，但他们也认为如此一来自己就会失去自由，并为此感到难过。

人们有时觉得，只有当他们找到另一个人来分享自己的生活经历，他们才算得上"完整"。但如果你以这个想法为基础开展一段新的关系，那就不太好了。这又是一个"倒果为因"的例子。如果你只是觉得自己少了什么，想要另一个人来"补全"你，那么吸引力法则就会为你找到一个同样觉得自己少了什么的人。当两个觉得自己不够圆满的人走到一起，他们也不会突然感到圆满。一段真正良好的关系的基础是两个人都对自己感觉良好。当他们走到一起时，就会是一对感觉良好的伴侣。

依赖他人来支撑自己并不是明智的选择，因为吸引力法则只会为你带来与你自身状态相似的事物。如果你对自己或生活感到不满，然后指望与另一个人建立一段关系以使情况得到改善，情况是永远都不会变好的。吸引力法则无法为你吸引来一个身心健康、充满快乐的人，除非你本身是这样一个人。无论你怎样说或怎样做，你呈现的状态决定了你吸引的人。人们之所以会渴望某个事物，背后只有一个原因：他们相信拥有此物会让自己感觉更好。我们只是想让你明白，你一定要感觉更好，更好的感觉才会来临。

我们曾经说过，要先让自己快乐，然后再去寻找伴侣。一位女士对这个说法并不满意，她告诉我们："你们让我假装自己已经有伴侣来获得快乐，但他根本不存在啊！我觉得你们根本就不在乎他是不是真的会出现。"从某种意义上说，她是对的，但我们知道，如果她能够让自己保持快乐，不仅她的愿望会实现（这就是吸引力法则），整个过程也会充满喜悦。

有趣的是，许多人认为，快乐是摘取成功的果实所应付出的巨大代价。然而，我们知道，人们之所以追求成功，是因为他们相信成功之后会变得更快乐。

当你发现，你的幸福并不需要依赖其他人，只要你专注于幸福的感觉，就能感受到幸福时，最终你也能找到所向往的自由。只要你能了解这一点，你就能收获你曾经想要的或将来期待的一切。控制你感受事物的方式，不管是你对事物的反应，对他人的反应，还是对情境的反应，这不仅是保持长久幸福感的关键，也是你获得所渴望的一切的关键，确实值得你好好练习。

简单来说，如果你不满意自己，或者不满意你的生活，你所吸引到的伴侣，只会放大这种不和谐的感觉。因为在感到匮乏的情况下，你采取的任何行动都会适得其反。

如果你目前没有伴侣，那么现在正是你调整振动频率的最佳时机，让自己的想法和愿望达成一致，吸引另一个能增强你的感觉的人。即使你现在已经有伴侣，只是常常觉得不快乐，你还是可以通过调整振动频率，得到一段令人满意的关系，因为你真的可以心想事成。

人们常常恨不得立刻给自己找个伴，即使他们目前对自己还不满意。他们甚至相信找到伴侣能改善他们对自己的感觉。然而，如果他们无法欣赏自己，吸引力法则就无法给他们带来欣赏他们的伴侣，因为这违背了吸引力法则。

　　因此，如果你目前还没有找到理想的伴侣，最好的做法是和现在的处境和解，开始肯定生活中每一件积极的事物，尝试抚平缺少理想伴侣给你带来的不安，最大限度地享受你目前的生活，列出所有美好的事物，更加欣赏自己。我们向你保证，一旦你开始真正喜欢自己，不去想缺少伴侣以及由此产生的不安感，你的伴侣就会出现，这也是吸引力法则。

　　如果你正处在一段不愉快的关系中，你必须找到一种方式，把自己的注意力从负面的感受上转移开。有些人说单身痛苦还是找个伴好，有些人则抱怨找到不好的对象更麻烦。而我们希望你明白，你目前在什么地方，或有什么样的体验，其实都不重要。

　　无论身处何处，你都能到达自己想要去的地方。但你一定要改变习惯，不能花那么多时间去想或者去讨论你不喜欢的东西。做一个眼光独到的筛选者，列出生活中正面的东西。想一想你想要去的地方，不要花时间抱怨你当前的处境。你的振动不会区分什么是你对当前处境的想法，什么是你对理想生活的想法。你用思维来创造，因此深究、牢记、观察和谈论你不想要的东西没有任何好处。你所发出的振动应该符合你想要的事物，然后你会发现，你的生活正在迅速改变，逐渐与你的振动相匹配。

不和谐的关系，
背后原因是什么？

杰　瑞： 我小时候见证过许多人的关系，但我不记得哪段关系是真正幸福的。记忆中的大多数关系都是长期关系，维持得很久，却并不快乐。我常说，我观察到的关系大多处在一种"悄无声息的绝望"里。我听到的抱怨不多，但也没有看到多少喜悦。

亚伯拉罕： 你童年时观察到周围有那么多不开心的大人，这种情况并不罕见。现在的孩子们也是如此。孩子更常看到他们的父母对雇主、和你抢车道的碍事鬼、邻居等的抱怨，而很少听到赞美之词。

　　父母间长期的欣赏与和谐一致的状态对孩子而言好处多多，但大多数孩子从未得到过这种裨益。因此，许多孩子与他人的关系会发展出不健康的思维或观念模式。尽管如此，他们心中仍然保留着对联结、爱与和谐的强烈渴望。换句话说，虽然像你一样，孩子们很难见到好的关系，但大多数人仍然希望自己将来能找到一段真正幸福的关系。

　　即使你认识的每个人都处在不快乐的关系中，你内心深处依然明白，和谐的关系是存在的。实际上，每当关系中发生不愉快的事情，都会诞生出与之匹配的愿望……你在关系中经历的不愉快越多，你的欲望反而会变得越具体。

　　为什么人们如此重视与他人的关系？为什么许多人对怎样改善关系感到不知所措？原因是你体验到越多你不想要的东西，你就会越迫切地想要得到你想要的东西。但是当你看着不想要的东西，反而阻挡了你得到你想要的。因此，不知不觉地，你让自己陷入了一场艰难的拉锯战，你一边追求着扩展，一边在自己实现扩展的路上画地为牢。

　　有一个容易达成的方法，能让你所有的关系达到和谐的振动频率：无论别人做什么，我都可以快乐……只要专注于个人的思绪，我就能跟我的本源（我的快乐之源）实现同频共振，那么无论其他人在做什么，我都能拥有良好的感觉。

关系撑不下去了
怎么办？

杰　瑞： 我常常到处旅行，也经常处在单身的状态中，因此我体验过许多关系。开始一段关系总是很容易，但要走到最后却很困难。而且我注意到，我们的文化环境中的普遍情况也是如此。进入一段关系似乎稀松平常，但结束一段关系却困难重重。在关系破裂、要分割财产、处理很多事情时，恼怒、抱怨或报复的情况常常伴随着出现。

伴侣无法偕老，怨侣们要结束关系，情况变得更加糟。这难道不会加剧我们对关系的戒备心，产生越来越多的负面期望吗？

亚伯拉罕： 从刚刚提到的情况来看，似乎真的不值得开展一段关系。"如果两个人在一起的大部分时间都并不快乐，当他们想要结束关系时，事情常常会变得更加糟糕。"你提到的重点在于，大多数人在开始一段关系时，对关系常常抱有负面的信念，正是这些信念（或者说他们一直以来的想法）让他们的关系不太可能会是快乐、和谐的。

在内心深处，你渴望拥有和谐的关系，但你还怀抱着一个更强烈、更深层的基础信条：你渴望自由。想要自由的愿望源自想要感觉良好的愿望。想要感觉良好，你必须让有形的你和无形的你保持亲密无间。

每当你因为任何原因感觉不太好时，你知道有什么地方不对劲，本能地想要找出造成这种不和谐的症结所在。通常情况下，你会把这种感受归咎于另一个有关系的人。所以，当你感觉不好，振动频率不一致了，你会认为这个人需要做出改变，哪怕此人并不愿意改变或根本做不到改变。当你发现自己无力实现你认为的必要的改变，你就感觉不到自由。因此，你本来的面目和最重要的愿望受到挑战，这段关系也会破裂。

但我们想要你明白，这段关系从一开始就建立在有缺陷的前提之上，因为另一个人永远无法表现得足够好或者足够一致，让你保持同频。这是你自己的责任。感觉不好时，别人没有责任让你重新感觉良好。如果你能接受这一点，你就会找到自由，同时维持快乐的感觉。但如果你不能接受，你只会从一段令人不悦的关系走向另一段令人不悦的关系。

你内心深处对真实自我的感知是如此强烈，所以你一直在追求令人满意的关系。因为你明白，在更深的层面上，关系里蕴含着快乐的可能性。只要你下定决心，明白你的幸福不取决于任何人的意图、信念或行为，仅取决于你与自我的同频（这是你完全能够掌控的），那么这段关系不仅不会再令你感到不适，反而还会给你带来深刻的满足感。

和本源失去联结时，你会有一种不安全感，想通过与他人的关系来填补这种不安全感。但来自他人的关注并不能维持你所需的联结。许多关系在刚开始时感觉还不错，那是因为你们全神贯注地关注着对方，但随着时间的推移，你的注意力自然会转向生活的其他方面。如果你依赖对方的关注，那么很可能在他不再全心全意地关注你时，你会再次感到不安。

　　只有当一段关系的双方都和自己的内在本源保持联结，才有可能建立一段稳定的美好关系。这样的关系无可取代。如果你和内在本源的振动频率不一致，对方再爱你，也无法弥补你的缺憾。

为什么
跟亚伯拉罕
相处的感觉这么好？

杰　瑞： 我知道结合有许多种形式，两个人在一起也有很多原因。有图方便的婚姻，有包办婚姻，也有基于身体吸引力或性欲的婚姻……还有人找伴侣只是因为他们不想一个人。但亚伯拉罕，我一直在思考我和你的这一段绝对完美的关系。对于那些专注于有形体验的人们，他们是否有可能以我看待你的方式来看待其他人？换句话说，我们是否能略过细节，以某种方式直接探索人的本质，以便享有和谐的关系，如同我和你的关系一样。

亚伯拉罕： 你在这会儿提出这个问题真是再合适不过了，因为你口中对"亚伯拉罕"的赞赏，正是我一直在谈论的你与自我达成了频率的一致。

你对我们的欣赏并不是因为我们表现出了讨你喜欢的行为，因为也有不少人并不欣赏我们或与我们同频。有些人意识到我们不会取悦他们后，就对我们不怎么满意了（出于他们的匮乏或缺乏感，他们可能会向我们乞求永远无法得到的奇迹或帮助）。还有一些人觉得我们很烦人，因为我们非常清楚我们是谁，明确知道我们想要什么，而且我们从不妥协。我们不愿意为了满足某人在这一刻的一时兴起而搁置我们已经确立的目标——这些目标是我们从所经历的一切中建立起来的。我们不会只为了在这一刻取悦你而假装宇宙法则不存在。因此，许多人在与我们互动时，感觉到我们并不能让他满意。而且由于他们在这段关系中刻意寻找并发现了缺憾，我们的关系并不融洽。

你感到和我拥有完美的关系，是因为你把注意力放在了我跟你的内在本源产生共鸣的方面。你有能力关注任何人，并与此人建立完美的关系。决定你对我的感受的是你的吸引力焦点，而不是我向你投射的是什么。

与他人互动时，寻找他们身上正面的地方，对你总是更有好处的。发出和你想要的事物一样的振动，你想要的事物就会进入你的视野。当你掌握了寻找并发现他人身上正面地方的艺术（你因此开始期待从其他人身上看到更多正面的地方）——这样正面的事物才会来到你身边。

杰 瑞： 所以，如此说来，我和你之间的关系，从我的角度来看，其实是一种自爱？

The Vortex

亚伯拉罕： 说得没错。通过你对我的赞赏，你的振动频率符合你的内在本源。这就是爱的含义：和本源、自我、爱保持一致的振动频率。

杰　瑞： 换句话说，从我的欲望的角度来看，是我吸引了你们，或者说我从你们那里吸引到了令我觉得满足的东西。你会把这称之为一种依赖型关系吗？

亚伯拉罕： 依赖意味着"我本身并不完整"，以及"我需要另一个人才能变得完整"，对你，对我们来说，事实并非如此。实际上，这个问题让我们看到，良好的关系有一个至关重要的前提和基础：如果你单身时感觉缺乏安全感，所以想找个伴来陪伴自己，那么这种关系就不可能稳定，因为它建立在不稳定的基础上。当两人在独立状态下充满安全感，也和各自内在的自己达成一致的频率，那么他们结合后所建立的关系，就有坚实的根基。换句话说，他们获取资源的方式不是依赖彼此。他们从本源得到支持，打下坚实的根基，才开始互动和共同创造。

　　当两人或更多人汇聚在一起，从积极的方面看待事物，这种思维聚合的力量往往是一加一大于二的。因此，他们吸引来的想法和解决方案，也比两个人加起来的总和更多。这种体验令人振奋，这才是共同创造真正的含义所在。

共同创造的一个基本要点是，聚集在一起的共同创造者一定要发出正向的吸引力，否则共同创造的结果就不会是正面的。如果你的关注点是消极的，并且因此感觉不好，那么你就只能吸引到同样充满负面吸引力的人。这就是为什么基于不安全感和匮乏去寻找伴侣，你永远不可能找到真正的理想伴侣，反而会找到一个加剧你当前匮乏的伴侣。

人们经常感到困惑，因为他们认为自己之所以感到不安，是因为还没有找到伴侣。所以，当他们采取行动找到伴侣后，他们不明白为什么不安的感觉非但没有消退，反而变得更加严重。相恋、同居、结婚，这些有形的行动无法填补因为你与内在本源的振动不同频而导致的空虚。但如果你先调整好振动频率，共同创造的行为才会变得成效卓然。换句话说，不要想着靠寻找伴侣来解决你的内在失衡问题。要先达到一致的频率，再去寻找伴侣。

你能认出
你的灵魂伴侣吗？

杰　瑞： 我常听到人们提到"灵魂伴侣"这个词。两个思想正面的人相互吸引，就是人们所说的灵魂伴侣吗？

亚伯拉罕： 通常当人们说到他们的灵魂伴侣时，他们指的是一个注定要和他们在一起的人——在进入这个有形的身体以前，两人就已经签订灵魂盟约。虽然你相信和别人相遇就是为了共同创造（若能重拾这些关系，会带来极大的满足感），但这样的相遇并不一定能帮助你们达成一致的频率。相反地，你打算先实现内在的同频，你明白只有这样，你才能把想要的关系吸引到你的生命中。

你可能就站在一个和你具有无形联结的人面前，但假如你和你的内在本源是脱节的，那么你就识别不出这样的关系。通常，让你觉得最烦恼或最不和谐的人，就是你的灵魂伴侣。但由于你和本来面目的振动频率不一致，你无法认出他们。

要理解灵魂伴侣的概念，最好的方式是先去寻求和你内在灵魂或与本源达成一致的频率，一种纯净、积极的频率；然后，由于你顺随一致的频率，你就能认出每次与灵魂伴侣相遇的机会，就像你所期待的那样，体验这些美妙邂逅。找寻值得你欣赏的东西，这样的简单愿望就能让你与本源保持一致，在各种层面上吸引你的灵魂伴侣。

记住，尽管这具肉体是崭新的，但你实际上是一个久经世事的古老存在。经历过无数生活体验后，你也得出了强有力的结论。所有这些结论组成了浩如烟海的知识，存在于你的内在本源之中，通过与你的内在本源的联结，你也可以获得这些知识。如果做不到，你就会失去平衡，这对你来说并不好受。

感觉对了
比什么都重要

杰　瑞： 对于刚刚离开学校、正要开始新生活、正在寻找伴侣的年轻人，你打算说些什么？你会在关系方面给予他们怎样的指导？

亚伯拉罕： 首先，我会提醒他们，最重要的事情就是让自己感觉良好。因为只有当你感觉良好，你才能和当下的现状达成一致的频率；一旦频率失调，就会发生匮乏感。

接下来，我们会鼓励他们设定一个可以持续为之努力的方向，寻找让自己感觉良好的主题并投入关注。不论出于何种原因，心中出现了不好的感觉，那就尽最大努力把注意力放在让你感觉更好的事物上，转移关注的焦点，获得解脱。

举个例子，假设你见证了一段不愉快的关系，听到这对怨侣充满负面情绪的对话。由于你渴望和谐，更明确地说，由于你想要和谐的关系，你参与（通过倾听）到了这段不愉快的体验中，你感受到的消极情绪是在告诉你，关注这件事对你没有任何好处。如果你怀抱的是积极的、让自己感觉良好的愿望，你就能轻松地远离这段对话，走出它的听觉范围。你会刻意将注意力转移到让你感觉良好的其他对象上。

The Vortex

　　还有，我会提醒他们，创造是从内而外发生的。换句话说，你的想法和感受是旋涡的中心，你吸引到的东西则环绕四周。与其主动寻找外界的事物让自己感觉更好，不如下定决心先拥抱更好的感觉，然后再向外吸引让你感觉良好的事物。

　　我会鼓励他们先关注自己想要的东西，然后再采取行动。把注意力放在你不想要的东西上，你只会得到更多你不想要的东西。但是如果你在采取行动之前花一点时间，专心思考你想要的东西，那么由此所激发的行为就会增强你的愿望。

　　我还会建议他们这样做：

　　·当你度过一天，走过由万千变化组成的分分秒秒，要经常停下来，对自己重申，你想要拥有良好的感觉，同时与你的内在本源保持一致的频率。

　　·让"想要拥有良好的感觉"成为你最强烈的愿望。无论在任何时候，发生任何事情，都要抱有这样的信念。你要经常提醒自己，你只有靠自己才能建立和本源的关系以及让自己感觉良好，其他任何人都没有责任或能力为你建立这个最重要的联结。

　　·用与他人的关系来强化你已经实现同频的地方，而不是妄想借助他人达到同频。

　　·专注本源，靠自身的力量始终如一地爱自己。不要要求别人先来爱你，他们做不到。

　　思维的力量在于，它把一切事物带给了你，思维是一切行动背后的驱动力。寻找让你感觉良好的思维，让你可以跟本源达成一致的振动频率，你的行为就会给你良好的感受。你无法以行动来弥补振动频率不一致的想法，振动频率一致的想法所激发的行动，才能给你带来愉悦。

她想要人陪，
却总觉得人不对

杰　　瑞： 一些女人自我感觉良好，也持续散发着寻求伴侣的
信号，但是当男人排着队追求她时，她却一个接一
个地否定他们。你会对这样的女人说些什么？

亚伯拉罕： 她想要伴侣的愿望会把男人吸引来，但她对糟糕关
系的信念又使她把这些男人推开。她过于关注自己
不想要的特质，因此无法吸引到她所渴望的特质。

如果她一直关注对方身上的缺点，只看到不圆满的地方，她
的振动频率就会偏离自己的本来面目。在这样的情况下，无论是
对自己还是对别人，她都不会感觉太好。

发现他人身上的缺点并不会让你更喜欢你自己。如果你训
练自己去寻找正面的特质，你不仅会在自己身上找到这样的特
质，也会在他人身上找到。如果你训练自己寻找负面的特质，
你同样会在他人和自己身上找到它们。因此，可以确定地说，

批评他人的人实际上也不喜欢自己。这违背了吸引力法则。所以你看到有人经常苛待别人，那么你就知道这个人实际上也不喜欢自己。

　　一些人有某种优越感，让你以为他们很欣赏自己，但他们只是利用这种优越感来掩盖内心的不安，或缺乏一致频率的感受。当你真正喜欢自己时，与你的内在本源保持一致的频率，你就会充分地流露出对他人的欣赏，美好的事物会源源不断地流向你。

　　当你与你的本源发出频率一致的振动，吸引力法则为你匹配的人只会是同样与他们的本源同频的人，随之而来的关系必将让你感到满足和喜悦。但是，当你和本源频率不一致，你感到糟糕，吸引力法则就会为你匹配同样的人，这样的关系就会令你感到不愉快和不舒服。

　　你想要和他人合作、共同创造，但如果你没留心个人的振动频率，和别人的共同创造只会让你的振动频率更加失衡。人与人的互动对地球和世间万物的扩展有着不可估量的贡献。然而，大多数人无法享受共同创造的乐趣，因为他们只看到别人身上不好的地方。大部分时间，他们关注的是别人身上糟糕的部分，而不是最好的部分。之所以会出现这样的情况，是因为你们在结合之前尚未找到自己的立身之本，因此当你们展开关系后，就会把不平衡的状态施加到别人身上。

看到事情
积极的一面

无论你目前是没找到理想的关系，还是正处在一段
不如意的关系中，你都可以拿起笔记本，每天花一点时间，
写下你周围人身上正面的特质。这种方法有无与伦比的
价值，能让你朝着你理想中的关系前进。

列出身边的人、过去遇到过的人和你自己身上的正面特质。
如此，在很短的时间内，你就会发现振动频率一致的想法有多大
的力量，还有吸引力法则顺随的本质。别再想着控制他人的行为，
集中积极思维的力量，你就会找到梦寐以求的美好关系。

你的思考和振动频率吸引了你生命历程中的每一段
经历，你的念头决定了你生活的方方面面。很多人和你
共存在地球上，把注意力转向他们的个性和行为中美好
的部分，你就能把你的吸引力焦点调到你所渴望的方向。

你所期望的关系不是一个概率事件，它不仅仅是有可能发生
的，而是必然会发生。所以，你必须训练思维振动的频率，和你

所渴望的关系达成一致，这样才能用你想要的那种有形的、实质的、"真实生活"的方式来体会它们。思想的力量不仅决定了哪些人能进入你的生活，也决定了他们到来后的行为模式。

别人碗里的饭更香吗？

杰　瑞： 在我之前的经历中，有一种模式很常见，我看到很多人不想和喜欢自己的人在一起。每个男孩都心心念念着一个不喜欢他的女孩，而每个女孩都想要和一个不想和她在一起的男孩在一起。

亚伯拉罕： 确实存在这种情况。在你观察到的这种状态里，积极的一面是，他们通过对比能更清楚地确定自己真正想要的东西。之所以会发生这种情况，是因为很多人相信，在寻找"完美伴侣"时，他们必须剔除所有不完美。他们认为，通过识别出自己不想要的特质，并坚定地按照这套标准持续筛选，就能找到他们理想中的"完美伴侣"，但吸引力法则并不允许这种情况发生。

　　当你把"伴侣身上不讨喜的特质清单"当作择偶的主要振动频率时，吸引力法则只会不断地将你不喜欢的人带到你面前。因此，在更多你想要的事物来到之前，你需要自我约束，引导思维关注当前关系的积极方面。

　　随着时间的推移，通过你与各种关系的互动，你肯定已经明确了你在伴侣身上不想要的许多特质。每当你经历某些不想要的事物时，你都会发出振动请求，渴望得到你更喜欢的东西。基于所有你亲身经历过的，或者观察到别人正在经历的关系，你已经创造了一个"完美伴侣"的振动模式。如果你能全身心地关注那个模式，吸引力法则就会把符合那个模板的人带到你身边。然而，如果你继续专注于别人的缺陷或不受欢迎的特质，你就会让自己离真正想要的东西越来越远。

　　当我们解释说，获得你真正想要的关系的最快方式是在当下找到欣赏对象（无论你是处于一段短期关系中，还是目前单身）。人们通常会抗拒这种说法，因为他们觉得如果他们对现状说出好话，就会停留在原地，但事实并非如此。

　　当你在当前状况中找到积极的方面时，你实际上是在利用这些积极因素，与自己的振动预期、真实的自我、内在的存在以及一切你真正渴望的事物保持一致。对现状感到愉快，是让情况变得更好的最快途径。当你对当前生活体验挑剔时，所感受到的消极情绪表明，你的思维和振动正在将你与振动预期、真实自我、内在自己以及你真正渴望的事物隔离开来。

　　你之所以会觉得别人碗里的饭更香，是因为很多人总是抱怨自己的饭。

如果是
由别人来为我们择偶呢?

杰　瑞： 我想听听你对择偶文化的看法。在许多文化中，父母或集体中的成年人会为他们的孩子选择伴侣；而在我们的文化中，我们更相信浪漫的爱情，我们会爱上某人并选择他作为我们的伴侣，仅仅是因为我们相爱了。

亚伯拉罕： 当然，自己选择伴侣（或者任何事物），都会让你感觉更好，因此你觉得这样做才是对的。虽然你所在的文化或社会环境中更推崇自由恋爱，你可以按自己的意愿自由寻找伴侣，但你仍然受到周围人信仰的束缚。换句话说，在这种看似更自由的文化中，有许多人在婚姻方面依旧不敢违背父母、宗教或文化的意愿。

　　但是，关于选择伴侣的问题，我们希望你再想想另一件更重要的事情。你不是用言语来做选择，而是用你发出的振动频率。因此，有时候，你可能在不知不觉中选择了与你真正想要的完全相反的东西。比方说，人们"选择"了癌症——并不是因为他们想要体验患癌的感觉，而是因为他们选择把注意力放在抗拒的想法上，让健康进不了他们的门。同样，人们会"选择"他们不喜欢的伴侣，是因为他们经常关注到自己不想要的东西，或者一直注意他们得不到的东西。换句话说，一个经常感到孤独的人，其实是"选择"了让自己非常想要的东西呈现匮乏的状态。

寻找、召唤或成为
完美伴侣

杰　瑞：　你会建议人们怎样去找"完美伴侣"呢？

亚伯拉罕：　要找到你所谓的"完美伴侣"，你必须先成为完美的伴侣。也就是说，你必须始终发出与你理想伴侣相匹配的振动信号。你观察到或经历过的不太完美的关系提供了绝佳的参考，让你只用稍做调整就能构造出理想关系的模板。因此，你只需思考关于一段关系中你想要的特质，就可以调整自己的振动频率，使其与你的愿望相匹配。

当你想着你在关系中不喜欢的事情，或者回忆过去关系中不愉快的事情，甚至旁观人们互相折磨的电影时，你其实在无意识中把你的振动频率调向了背离你的理想关系的方向。这样你想要的终将不可得。

　　如果一直以来，你对亲密关系的想法让你感到孤独、愤怒、担忧或失望，那你就无法获得梦寐以求的关系。但是，当你开始寻找自己和他人身上值得欣赏的地方，列出过去和现在的关系中的积极方面，你就在调整自己的振动频率，使之与你渴望的振动相匹配，你的"完美伴侣"必将出现。这就是吸引力法则。

想要一个伴，
还是需要一个伴？

　　以下是听众们在亚伯拉罕工作室的提问：

提 问 者： 当我想和某个人在一起，就会把他从我身边推走。但是当我不想要这个人，他反而会来到我身边。这是为什么？

亚伯拉罕： 当你想要和某个人在一起，但你关注的却是那个人缺少的东西，那么你最活跃的振动就会让他远离你。当你不想和某人在一起，你内心的主要想法是这个"不速之客"正在追求你，那么他就会被你吸引到你身边…… 无论你是否想要，心里想着什么，你就会得到什么。

提 问 者： 这就是想要和需要的区别吗？

亚伯拉罕： 是的，这个思路很不错。当你想要某个东西，想着拥有它将会多么美好时，你会拥有良好的情绪。因为你当前的想法与你真正的愿望是振动同频的。但是，当你想要某样东西，心里却想着"我还不曾拥有它"，想着它的匮乏，你的情绪就会变得糟糕，因为你当前的想法与你真实的愿望完全不符合。

　　想要和需要之间的区别不仅仅相差一个字。纯粹的欲望或意愿总是让人感觉更自然、更舒服，因为你的振动频率符合你的振动实体。需要的状态一定会给你带来不好的感受，因为你所发出的振动频率是"欲望没有得到满足"，因此无法符合你的振动实体。

在匮乏者身边， 怎样保持高能量？

提 问 者： 我的伴侣总把注意力放在负面事情上，而不努力追求向上。这影响了我，我也很难不去留意身边的负面事情。那么我应该如何保持积极向上的关注力呢？

亚伯拉罕： 我们知道，当你看到或听到让你感到愉悦的事物时，你会更容易感觉良好。在任何情况下，就算身边的人感觉很糟糕，你也有能力让自己感觉良好，当你能够这样做，就会感到无比释怀。

你会发现，学会引导自己的思维远比左右与你相伴的人的行为来得容易。即使你身边只有一个经常与你在一起的人，你也并不能真的驯化他。当然，现实情况里会有许多人能够引发你的情绪反应，而不只是一个人。当你能熟练地将思维引导至令人愉悦的事物上，那些让你不悦的人（或这些人身上让你不悦的特质）就会离开你的体验，是你对不想要的事物的关注让它停留在你的体验里。

许多人在刚听到这个观点时，可能会持保留意见，因为他们认为生活中的负面事物是由他人带来的。但我们希望你能理解，如果你能够将注意力从负面的地方转移，专注于生活中的积极面，那么这些负面行为将不再持续出现在你的生活中。所有消极因素之所以存在，只是因为你在关注它们，并不断给予它们关注，这实际上是一种无意识的"邀请"，使它们留在你的体验中。这是一种赋权的过程。

我们承认，在负面的环境中保持积极思维并不容易，尤其是在最初阶段。要想开始有效地引导自己的思维，最好的时机并不是身处负面情况的当下。当你独自一人时，更容易找到让自己感觉更好的思路：比如，回想一下你曾经能够因为某个人的存在而感到愉快的时刻。如果找不到这样的回忆，那就尝试思考其他主题。

简而言之，打破负面思维的模式并朝积极方向前进的第一步是认识到：你的思想正在创造你的现实生活。接下来，你需要意识到：你确实有能力引导自己的思维。然后，你要不断引导自己的想法朝着更令人愉悦的方向发展，直到这种积极的思维模式在你内心根植下来。

当你开始有意识地专注于积极思考后，最令人兴奋的一件事是，吸引力法则会立刻为你带来思想改善的证据。尽管打破旧的思维模式可能不易，你可能偶尔会退回到旧模式中，但你做出的努力的效果是显而易见的。不久之后，你会发现，与其花大量精力去回避负面对话或试图改变他人，不如管理自己的思维，这样不仅会轻松得多，而且所有的关系也会得到改善。

改善关系的
睡前小练习

当你睡前躺在床上时，试着回想过去或当下令人愉快的事情，或者可以对未来进行一些积极的设想。这样，你就能为第二天早晨醒来时的情绪基调打下良好的基础。第二天早上，当你刚刚恢复意识时，尽量回忆起前一晚的思考内容，并努力重新建立起积极的思维模式。这个小小的练习会逐渐改变你每天与他人互动时的反应。当你日复一日、年复一年地持续进行这种练习，你的思维模式将发生改变，而你的关系也会因此得到改善。

我真正期待
从关系中获得什么？

你有能力从他人那里召唤出你期望的关系模式。然而，如果你一直专注于当前的状况，是无法获得新的、改善的情况的。宇宙以及宇宙间所有有形和无形的参与者都在回应你发出的振动；而它们无法区分哪些是现实的振动，哪些是通过想象产生的振动。即使你只是在简单地想象理想生活的样子，也会吸引来所有所需的元素。更重要的是，所有被吸引的组成部分都会和谐合作，这就是吸引力法则的作用。

你有能力唤起与他人和谐一致的关系，这种关系符合你对自由、成长和快乐的追求，因为这些潜能在每个人身上都存在。每个人身上都蕴含着各种可能性——他们可能非常理解你，也可能不理解；可能非常愉快，也可能令人不悦；可能非常开明，也可能狭隘；可能非常积极，也可能充满消极。你与他人的互动，完全取决于你从他们身上唤起了哪些特质。

你是否曾有过这样的经历：和某个人相处的方式并不符合你的预期。你突然表现出来了。这是因为你体验到了别人的期望所发出的影响力。你是否注意到，孩子的性格会随着与他们互动的成年人而变化？对某些人温顺配合，对另一些人却表现出固执任性？这也是他们对他人期望的反应。

当你训练自己与更广阔的内在视角保持和谐一致时，你会与创造世界的能量相联结，并且会发现他人对你表现出更多的积极回应。这时，你将不再责怪与你共享关系的人；相反，你会意识到自己是吸引这些体验的主导者。真正的自由源于这种理解。

当你处理好自己与内在广阔视角之间的关系，并训练自己始终保持愉悦的思维，当你与真实的自己同步、学会爱自己时，与你互动的他人将无法抵挡这股幸福的潮流。他们要么会回报你的爱，要么会从你的生活中淡出。

完美伴侣
应该具备哪些理想特质?

杰　瑞: 在我们成长、改变和进化的过程中,是否可能一直和同一个人、同一个伴侣保持"完美伴侣"的关系?我的意思是,在我的生命中曾有一段时间,我是一名杂技演员,我的搭档必须身材娇小,这样我才能把她抛得很高并接住她。所以她的身高不能超过一米五,体重不能超过 45 公斤。然而,很多年后,当我遇见埃斯特时,这些外在条件已经变得不再重要。吸引我的是埃斯特身上的其他特质,她在那一刻成了我生命中的完美伴侣。因此,我开始思考,一夫一妻制或者和一个人在一起,是不是一个相当具有挑战性的目标?

亚伯拉罕: 当你经历生活中的各种体验时,你会不断从这些体验中产生新的偏好和愿望,这个过程是永不停歇的。你从每次新体验中得到的愿望,被你的内在自己接收并存储在你的振动现实中。换句话说,每次新体验都会帮助你逐渐迭代出你渴望的生活的新版本,而你的内在自己总是跟随着这些更新的版本。

　　当你能够通过专注的力量保持在一种良好的情感状态下时,你就能与自己的振动现实保持一致,并且这些愿望会以自然舒适的方式在你的生活中展现出来。换句话说，当你允许自己的人生旅程顺利展开时，你会感受到来自内心的指引，告诉你"下一步该如何走才合理"。因此，可能有一天你会突然感到，"下一个合乎逻辑的步骤"是去寻找一位新的伴侣。在这种情况下，放下旧的关系并接纳新人，会让你感到美好和满足。

当你说"我们会相守一生，无论疾病……直到死亡将我们分开"，这实际上是一种不合逻辑且难以达成的目标。一个更理智的愿望或誓言应该是："我最重要的意图是保持我的思绪聚焦在积极的方向，以便我能够与本源和真正的爱保持联结，那才是真正的我。通过这样做，我会展现出最好的自己给你。我希望你也对自己有同样的要求。我期望，当我们每个人都努力保持与真实自我的同频时，我们的关系将是一段持续而愉快的成长旅程。"

是自然法则
主导了我们的婚配吗？

杰　　瑞：　　在我大半生中，我一直在努力思考，人应该如何自然、正确地处理各种关系。我观察了地球上的发现大多数情况下，它们似乎并不太在乎一夫一妻制。例如，大象会驱逐其他雄象，公鸡为了保护自己的母鸡群会与任何闯入者拼死搏斗。我不禁思考，如果人类在择偶方面像动物一样，是不是也会像"适者生存"的动物那样变得更强大、更有力量？从无形的角度来看，对于关系是否有正确或错误的处理方式？所以，我的问题是，怎样才算合乎自然规律？

亚伯拉罕： 这个星球上有足够的自然力量来确保人类物种的延续——足够的变化、多样性和平衡存在着。就像你通过饥饿和口渴的自然冲动满足你的生存需要一样，你的性冲动和交配冲动也确保了你的物种的生存。但是，我们对于人类关系的关注并不是因为你需要通过调整行为来确保生存。因为你的物种的生存从未受到真正的威胁。我们感兴趣的是，如何让你在关系中生活得更愉悦。

我们完全了解了你通过对比性体验和关系创造出的振动模式。我们希望帮助你找到与那些扩展后的愿望同频的方式，这样你就可以充分享受这些体验。当你经历某些事并寻求改进时，必须允许自己完全体验那些新的愿望，否则你的快乐将被削弱。简而言之，你必须跟随生活的步伐，成为它期望你成为的样子，否则快乐将远离你。

当你进入有形的身体，对于你，我们知道最真实、准确、自然的事情是：

· 你是本源能量的延伸。

· 你把有形的注意力放在体验对比上。

· 你选择体验对比，是为了获得关于生命的新想法和新决定。

· 这些和生命有关的新想法和决定等同于宇宙的扩展。

· 宇宙的扩展是生命的必然结果。

· 当有形生活让无形的你扩展时，如果你想体验喜悦，就必须跟随这种扩展。

· 喜悦是人类存在最自然的宗旨。

· 关系就是对比的基础。

· 因此，关系是所有扩展的基础。

· 因此，关系是喜悦的基础。

· 如果你找不到让自己感到喜悦的想法，你就在阻碍自己成为更好的自己。

· 你的关系是你扩展的原因。

· 你的关系常常也是你无法扩展的原因。

· 处于喜悦的状态是自然的。

· 处于成长的状态是自然的。

· 处于自由的状态是自然的。

这些就是你需要了解的关于关系的最重要的事情。

更符合自然本性的结合
是什么样的？

杰　瑞： 更符合自然天性的人类结合是什么样的？该拥有一个伴侣还是多个伴侣？哪种模式更符合自然规律？

亚伯拉罕： 你的问题直接指向另一个非常严重、非常有缺陷的前提——

错误前提

13

—

生活方式有正确和错误之分。

所有人都应该找到并遵循一种被公认为正确的生活方式，

然后强制执行这种正确方式。

　　这个错误的观念——认为生活中的某些问题只有一种正确的解决方式——是造成许多冲突和混乱的核心原因。幸运的是，这种错误的观念无法被强制执行。因为如果它能够被强制执行，那将导致扩展的终结。换句话说，扩展源于对比中产生的新的欲望和新的想法，消除对比也就意味着扩展的终止。

你不必为此担心，因为这种情况永远不会发生。宇宙的完美平衡早已被很好地建立，这与宇宙法则完全一致。我们与你讨论这些问题并不是为了保护人类物种或确保永恒，因为这些从未受到威胁。相反，我们关注的是你的生活是否充满快乐，而这一点取决于你对这些问题的理解。

当你的生活让你发出某种振动请求时，你的情绪指引系统会帮助你找到与这种振动匹配的路径。找到这种匹配对于你的愉悦感、满足感和扩展都是必要的。除此之外的任何"生活模式"或"规则"都与你的本质无关。

你周围的大多数规则，是基于对"不想要的事物"的焦点制定的。因此，很多人花费大量时间争论哪条是正确的，哪条是错误的。在这种争论中，他们往往与自己内在的、更广阔的视角脱节，由此产生的负面情绪——这种情绪源自他们与本源能量的脱离——加剧了他们的争执。

当你不再执着于证明自己行为的正当性，而是去寻找能够带给你爱与和谐的思想、语言和行为，并通过这些方式与内在的本源对齐时，你会明白，尽管世界上有着不同信仰和行为方式的人，你依然可以与他们和平共处。

当你以这种方式与人相处时，即使其他人做出的选择与你不同，你依然能够通过与本源对齐来体验幸福和自由。这将让你摆脱试图让所有人达成一致的负担。单一的答案会导致停滞，而多样性则允许无止境的扩展。

人们之所以制定规则来约束他人的行为，是因为他们认为他人的行为会对自己产生负面影响。但当你明白，除非通过你的思想邀请，否则没有任何事物能进入你的经验时，你就会意识到，控制他人的行为是很难的，真正应该控制的是自己的思想和注意力方向。

我们再次提醒你"随顺的艺术"：随顺你的振动，与所有你想成为的、想拥有的事物保持共振。在这个广阔而多样化的物质世界中，有足够的空间容纳你所有的愿望。那些你认为"糟糕"或"可憎"的事物，只是因为有人在阻止自己体验应有的幸福。吸引力法则是主导一切振动的法则，而所有事物本质上都是振动的。你不需要刻意强迫自己遵循这个法则，它本就自然存在。只要你将注意力放在理解和应用"随顺的艺术"上，你就能在快乐中生活，而不必关心他人的行为。然而，请记住，如果你专注于那些不快乐的人和事物，你就背离了"随顺的艺术"。

我们会吸引
具有相同感觉的人吗？

提 问 者： 找一个能让我感觉良好的伴侣，这是个好主意吗？

亚伯拉罕： 当然，当别人把你视作关注的对象，并对你产生好感，你确实会感觉非常好。因为他们跟自己的本源保持着一致的振动，也让一致的能量涌向了你。无论是欣赏的传递者还是接受者，这都是一种令人愉悦的体验。

然而，重要的是不要让你的良好感觉依赖于别人对你的正面关注。真正的力量在于，你能够在不依赖外部环境的情况下，让自己与那股无形的能量流保持联结。你有能力建立自己的联结，并且如果你经常这样做，就一定能达到平衡。相反，如果你等着别人达成一致的频率，然后再把注意力放在你身上，你的感觉就必须依赖别人的行为。然而那个人不一定能长久地保持一致频率，或许你也不一定永远是他关注的焦点。

大多数关系在开始时感觉非常美好，是因为人们倾向于关注彼此积极的方面，并且由于相处时间短，你们尚未深入了解对方的缺点。随着时间的推移，缺点暴露出来，双方对关系的期望也随之变化，良好的感觉就可能因此而淡去。

因此，如果你和本源的联结不需依靠任何人，你就会发现真正的自由——你将摆脱唯一能束缚你的事物：抗拒本来的面目。

每个人都可能是
我的完美伴侣吗？

提 问 者：　如果地球上只剩下两个人，无论另一个人是谁，我
们都能把他变成我们想要的样子吗？我们能把对方
当作自己的完美伴侣吗？

亚伯拉罕：　首先，你需要明白的是，如果地球上只剩下两个人，
你所能体验的对比将会非常有限，因此你欲望的范
围也会变得非常狭窄。在那种有限的情况下，你的
欲望也会受到限制，因此可能会觉得那个存在已经
足够让你感到满足。但你提出这个假设的真正意图
不是为了讨论极端的情境，而是想知道："如果宇
宙间的万事万物都包含着我想要的和不想要的部
分，那么我是不是能通过专注于想要的部分来吸引
更多我想要的东西？"答案是肯定的。

无论情况如何，专注于积极方面总是能创造出更好
的未来。因此，即使你正在忍受一段可怕的关系，
你也会从对比中生出愿望，希望自己变得更好，而
你的内在本源就会全心全意去达成这个愿望。如果
你有意识地把注意力放在积极的东西上，你就能与
这种新的欲望同频。持续的积极振动会使你的愿望
逐渐具象化。如果（在极端情况下）地球上只剩下

两个人，你的愿望就一定要靠对方来满足。不过幸运的是，还好你有一个更广大、更愿意为你效力的环境。

提 问 者： 当被问及完美伴侣是什么样时，一位在我看来非常有智慧的人说，"一个完美的伴侣是那个能激发你最好的一面，也能激发你最差的一面的人"。你怎么看？

亚伯拉罕： 这个说法有点像我们所说的充满对比的世界。也就是说，每当你知道自己不想要什么，就会更清楚自己想要什么。所以这个伴侣等于帮你实现人生扩展的第一步——发出请求。要建立一段成功、幸福的关系，关键在于你能否把注意力放在这个伴侣激发出的你的愿望上。如果你的伴侣不断唤起你"我知道我不想要什么"的意念，那么你就会发射出关于"我想要什么"的"愿望火箭"。接下来，你需要持续地专注于那些你想要的部分，保持和内在振动的一致。

当你与自己愿望同频时，你的影响力会变得非常强大，对方也会停止释放负面的刺激。如果对方的负面行为强大到会阻碍你的持续顺随，那么他将无法留在你的体验中。吸引力法则会自然而然地让你们分开，使你们各自走向更符合你们振动频率的路径。

The Vortex

Where the Law of
Attraction Assembles
All Cooperative
Relationships

第三部分

养育与
吸引力法则

在多样化的世界中创造正向的亲子关系

大人的管教
对孩子有什么影响？

　　假如振动频率失调的成年人可以不去干预孩子们的交往，不去干扰孩子的振动频率，孩子们就会自然地和更广阔的视角达成统一，发出正面的互动。他们会观察彼此之间的差异，但这些差异不会让他们相互对立。因此，积极、有效而愉快的共同创造就会跟着出现。但是当一个与更广阔视角不一致的成年人出现时，积极的互动就会消失。

　　许多成年人相信，如果放任孩子不管，他们就会偏离正轨。因此，大人们进入孩子的均衡状态中，寻找在他们看来是错误行为的证据。他们试图引导孩子远离他们眼中不当的行为。然而，引导孩子关注自己不当的行为，或者让孩子看到大人不赞同的眼神，孩子的内心就会感到强烈的不和谐，因为他们被迫离充满爱和认可的内在自己越来越远。

　　当一个成年人或其他未成年人，为了满足他自己，期待或要求你调整你的行为，他们就是在试图诱导你远离你的个人情绪引导系统带来的好处。每段关系的破裂，每次愤愤不平，每种痛苦或失败，都直接源自这种令人难以置信的误解：你从来不想以别人的赞同或贬低来引导自己，只有你和本源之间的能量才能影响你。

　　如果介入孩子们中间的成年人和自己的本源保持一致的频率，不靠着孩子们的良好表现来让自己获得愉悦感，那么孩子们就不会因为这个人的存在受到消极影响，因为这个人会通过榜样的力量鼓励孩子们与自己的内在频率对齐。当两个或更多个振动频率符合更广阔的视野的人彼此互动，有形的接触会让人感到愉快，带来效益和活力。

　　把满腹忧愁的大人的角色从小孩的生命体验中突然剔除，并不会让他们立即恢复到自然的幸福状态，因为孩子们已经从大人那里学会了他们的振动模式，在这些模式的框架下互动。但是无论老幼，每个人都有想要美好的感受，因为你内心深处的部分，即你的内在自己，的确感觉良好。所以，当你感觉不好的时候，一定是出现了什么极不协调的东西……由于孩子们不像他们身边的大人一样长期使用对抗性思维，所以他们更容易回到频率一致的状态，并维持这样的频率。

没有成年人时，
孩子们的世界如何运作？

　　大人们会把担忧、防范、控制和抗拒加在孩子们身上，假如把影响从孩子们身上全部排除，他们之间的互动会是怎样的？

利用感官，他们会仔细观察、琢磨彼此。他们会看到每个人不同的个性、信念和意图，就像你在自助餐厅看到各种菜色一样。你不会因为你看到的菜是你不想吃的，不想尝试的就觉得受到威胁。相反，你只会把你喜欢的放在盘子里。类似地，那些没有学到要把不想要的东西推开的孩子，只会受到想要东西的吸引。有同样兴趣或愿望的孩子，在任何时候都有可能聚集在一块儿，做出有意义且令人觉得欣喜的互动。个性有差异的孩子会各自分开，最后形成一个和谐的环境。

许多人可能会说，他们从未见过这样的环境。这话说得没错。还有人会说，这样的环境根本不可能存在。这话说得也没错。大人们把孩子带入了他们的生活体验中，所以能够自由做出选择而不受到大人影响的孩子少之又少。但是，一旦你理解了自己的个人指引系统，知道它的运作原理（你实际上是无形意识的有形扩展，你的无形视角和你的有形视角同时存在，你追寻的终极目的就是和自己的引导系统达成一致的频率），你就可以在任何物质环境、情境或关系中找到和谐。

调整好自己的频率，你也可以变得像我们刚才描述的孩子那样。你可以与他们互动，无须也无意去移除他们身上你不想要的部分。你可以做到（就像你的内在自己）只看到别人和你自己最好的一面，让强大的吸引力法则将你和你想要的东西汇聚到一起。

父母的责任是什么？

杰　瑞： 按照你们的观点，在孩子一生的发展中，父亲所扮演的主要角色或根本角色是什么？

亚伯拉罕： 无论是父亲还是母亲，为孩子的无形本源能量提供一条通道，使其进入有形的体验，这就是他们在孩子生命中扮演的根本角色。

杰　瑞： 你认为父亲和母亲的角色有什么不同吗？

亚伯拉罕： 基本上大同小异。当你考虑到父母所带来的影响时，差异是显而易见的，但父母的影响并不像社会上认为的那样重要。在最理想的情况下，父母为刚来到新世界的孩子提供一个安稳的落脚点，帮助他们适应新的生活环境以及新的身体。在最糟糕的情况下，父母可能会限制孩子做出选择和体验自由的能力，所以父母对孩子的影响不一定都是好的。由于过去的经历，父母极有可能对生活抱有消极预期，这种消极的信念会被传递给他们的孩子。

完美父母
是什么样的？

杰　瑞：　你们是怎么看所谓的"完美父母"的？

亚伯拉罕：　父母能为孩子做的最好的事情，就是理解这个孩子。他是一个强大的创造者，带着极大的渴望、决心和能力进入这个有形的环境，虽然他一开始看起来非常弱小、需要依赖他人。父母能为孩子做的最好的事情就是等待能证明他们才智的证据出现，并且关注孩子正面的特质。父母能为孩子提供的最大的好处，就是影响孩子追随自己内心的引导系统。

我们知道你提出这些问题，是为了指导父母和孩子建立令人满意的关系；我们也很想探讨这个主题，但我们也希望你明白，孩子们来到这个世界的目的，不是躲在完美父母的羽翼之下。一旦他们来到这个世界，相互交流，经历人际关系中经常出现的种种不和谐，他们就容易把一切不好的东西怪罪到别人头上，抱怨生活为何如此。但从你的无形视角来看，你完全能明白，就你的生命体验而言，周围人的影响并不一定都是负面的。事实上，没有谁在出生之前就想着要生在一个完美的环境中。

大多数父母确实希望给予孩子最好的，而且对于什么才是最好的有各种看法。从我们的视角来看，也从孩子进入有形身体之前的观点来看，你们能给孩子提供的最好的东西，就是一个清晰的榜样。尽力和内在的本源享有一致的振动频率，并通过你们自己，证明如何有效运用情绪引导系统。

无论对父母还是孩子来说，让人感到最不自在的地方，是父母不了解孩子内心的智慧和目的。为什么父母无法了解呢？因为他们也不明白自己内心的智慧和目的。换句话说，如果父母看到的是一个充满威胁、危险和痛苦的世界，产生防御心和警惕心，那么真正的领悟和力量就会离他们远去。在这样的情况下，他们也会引导孩子产生同样的警惕心。

但是，一对意识到情绪引导系统价值的父母，一对首先寻求与更广阔的视角对齐的父母，一对了解创造力十足的能量涡的本质的父母，以及一对和本来的面目达成振动一致作为第一优先的父母，这样的父母才能帮助孩子寻找他自己的指引。

很多人总是把自己的失败或不快乐归咎于他们的父母，这是因为他们被父母训练着，习惯向他们寻求指导和支持。然而，即便是最慈爱的父母，也无法取代来自内心世界的指引和支持。不只如此，在每个人体验周围大大小小的对比，持续发出想要扩展的振动愿望时，你必须顺随自己的愿望，让自己享受扩展的完整演变——否则你就无法感到快乐。当父母试图说服你相信，你的感受不重要，你应该忽略情绪告诉你的事情，你选择尊重父母的意见以及他们定下的规矩，这么做就是在干扰自然的过程，难怪你内在会产生反抗的感觉。这种内在反抗将持续存在，直到你愿意并有意识地与本来的面目达成一致的频率。

因此，父母能为孩子做得最好的事情，就是放弃控制他们的行为和想法，鼓励孩子去感知他自己的振动暂存区、创造的能量涡和他自己的情绪引导系统。只有当父母自己完全理解了这些，他才能影响孩子对这些事情的理解。

孩子或父母因恐惧、愤怒、失望或怨恨产生空虚感，这是因为他们的振动频率不允许他们联结到已经扩展后的自我。负面情绪是因为他们觉察到自己失去了自由。之所以觉得不自由，是因为你现在的面目非常完美，但你却加以抗拒，不愿在你的心里激活它。

有趣的是，大多数父母所采取的养育方式是先从观察世界开始的，接下来评估构成世界的要素，解读对错并加以分类，最后努力引导孩子远离不想要的东西。更有趣的是，这与父母和孩子进入物质世界时的初衷完全相反。

因此，我们对最令人快乐、最有价值的养育方式的看法是：

我明白我的孩子是一个充满力量的创造者，他进入这个有形的世界，只为打造一次精彩的体验，和我并无不同。我的孩子懂得选择生命中的对比，并享受这么做的好处，以便决定他想要什么。每当孩子因为碰到某件事情而让他更明白自己不想要什么，他就会发出振动请求，期望情况得到改善。这个愿望在他的能量涡和他的振动实体中储存下来。当他关注内在的情绪引导系统，找到能让他获得最好感受的思想时，他将与当下最完善的自己同频，并将认识到他本来的面目有多么完美。在整个过程，他将感受到负责创造自己的实体能给他带来怎样的满足感。此外，身为他的父母，我也完全支持他成为他自己。

父母和孩子的内在自我：
谁在影响谁？

杰　瑞：　我想回到我们进入有形的世界之前，那时候父母亲的内在自己和小孩的内在自己之间的关系是什么样的？

亚伯拉罕：　来到有形世界的每个人，都是本源能量的延伸。从这个意义上说，每个人都是相互联结的，所有的关系都是永恒的。一旦建立了关系，它就永远不会消失。

你从无形的世界（你可以称之为"能量的集合"或"意识的族群"）出发，毫无例外，有形世界的家庭成员间，在无形振动上有着由来已久的渊源。

和其他人共同创造时，你的主要目的绝不是依赖。你知道通过形形色色的人际关系，你将萌发更多美妙的创造灵感，你期待着从这些关系中诞生的新想法。在孩子出生之前，甚至在父母出生之前，你们就期待着未来的互动，并且知道从中产生的价值。虽然你理解了无形的联结，你依旧会把注意力放在扩展上。所以你不会瞻前顾后地追溯古早的渊源，沉迷寻求确定感和安全感，因你本就是稳定和安全的。

杰　　瑞：　思索我们出生前和父母已经建立的联结有什么价值呢？

亚伯拉罕：　探寻非物质起源并没有太多价值，因为它不够明确。你从有形的角度无法真正理解它，也因为如此，它反而会分散你的注意力，让你忘了在有形世界的目的。更重要的是，通过你们在这具身体体验到的互动，你们发出了强大的愿望，成为彼此扩展最有力的催化剂。当你努力让振动频率和扩展后的自己达成一致，你的振动频率也会契合父母扩展后的样子——这种一致带来的满足感是无比强烈的。你可以通过寻找彼此身上正面的特质，努力找出值得赞赏的地方。

孩子出生前，
家庭是否已经有共同的意愿？

杰　瑞：　　那么，既然我们的关系是永恒的，那么对于和父母或小孩的互动，我们是否有特定的目的？

亚伯拉罕：　在大多数情况下，你没有什么特定的目的，因为你了解自己的创造力和宇宙法则。你渴望投入其中，搅动起风浪，体验对比，然后创造。你将父母视为进入有形世界体验的绝佳途径，他们在你年幼时为你提供稳定的避风港。你最主要的意愿是进入你的肉体，沉浸在对比中，因为你知道对比才会让你尽力思索和享受生命。你在出生前就期望自己和父母以及其他人的关系，能为你提供稳固的基础，让你体验对比，然后靠着这个基础发出愿望，体验扩展。你知道各种细节将会在生活中逐步出现，所以你不会事先就去揣测。

我们对谁负有
最大的责任？

杰　瑞：　你的意思是，父母对小孩的责任，小孩对家长的责任，其实和我们对世界上其他人的责任没两样？

亚伯拉罕：　是的，我就是这个意思。你们作为共同创造者来到这个有形的世界，与地球上的每个人一样。

父母能从孩子身上
学到什么？

杰　瑞：　学生在老师那里学习，老师也常常能从学生身上学到东西。家长也是如此吗？他们能从孩子身上学到什么？

亚伯拉罕：　当你内心浮现一个问题时，对应的答案会在你的振动现实中立刻形成。当你在问题中苦苦挣扎，与之匹配的解决方案也会出现在你的振动实体中。因此，在你们彼此——父母／子女、老师／学生、人与人之间互动时，你们是在探索那些能够引出答案和解决方案的问题。因此，学习（我们更愿称之为扩展）是所有共同创造体验累积而成的结果。

杰　瑞： 所以我们都在学习，即使我们没有发现？

亚伯拉罕： 除非你的振动频率符合本来的面目，除非振动频率符合在振动能量涡中扩展过的你，否则你就无法意识到自己的扩展。你的扩展是持续不断的。要不要跟上扩展的节奏，是你自己的选择。你的感觉越好，就越能跟上自己的扩展，也越能认识到这种扩展。换句话说，真实的你已经学到了东西，但除非你在能量涡中，否则你无法发现自己在学习。不论有没有感觉，每一次体验都会让你的知识增长。

The Vortex

同一个家庭长大的孩子，
个性为何截然不同？

杰　瑞： 我注意到，即使同一对父母所生的兄弟姐妹，他们的成长过程也不尽相同。我想说的是，一个孩子可以长成健康、快乐的大人，也就是我所谓成功的存在，但同一家庭中另一个兄弟姐妹却可能在吃苦头。这是否意味着，尽管父母对每个孩子的影响都相似，但这种影响在他们的未来却不是最重要的因素？

亚伯拉罕： 不努力和更广阔的无形存在达成一致的振动频率，你所谓的幸福就不可能长久。有时候，父母或老师可以是催化剂，影响你朝着某个方向前进。每个人生来都渴望感觉良好，本能地倾向追求一致的振动频率。所以我们这里讨论的重点，是会妨碍他们追求一致频率的外在影响。因为孩子们天生就倾向于感觉良好并与本源达成一致的频率。换句话说，如果让孩子依靠自己的自然本能，他们会更快地实现同频。但是，出于善意，谨慎的父母们经常会担心可能发生的意外，影响孩子远离他们自己的指导系统，扼杀这种自然冲动。

与大多数父母所相信的相反。事实上，他们对孩子福祉的关心越少，孩子才会越好。因为去掉了负面的想法和忧虑，孩子更有可能朝向一致的频率。

因此，回到你刚才的问题……通常，第一个孩子出生后，父母常常会过度保护，让这个孩子比弟弟妹妹承受更多的焦虑、担忧和负面影响。

影响孩子感受的因素有很多，对其他人的感受也是如此。但只有一个真正重要的因素需要考虑：这个人在这一刻所激活的思想，和内在本源的想法是否保持了和谐一致？如果是的话，你要试着让自己去接受这样的影响，其他的影响都是次要的。正如一个被压在水下的软木塞，当它被释放时会自发地回到水面。当你消除了与本源相矛盾的思想，一旦压力解除，你将重返清明、快乐、成功，并且认识到你的本源。

孩子一定会"继承"
父母的特点吗?

杰　瑞： 我母亲过去常对我说"好吧，杰瑞，你知道，你跟你父亲一模一样"或者"你继承了你爷爷的什么臭毛病？"或者"都是从你叔叔身上学的"，我记得当时我非常不同意她的看法。

亚伯拉罕： 你为什么觉得自己不同意?

杰　瑞： 我并不是说我没有继承任何人的特点。但是，当她向我指出这类事情时，通常都是在对我表示不满。

亚伯拉罕： 这正是我们希望你意识到的。你之所以感到不和谐，是因为你母亲的否定激活了你内心的思绪，这种思绪跟你的内在自己完全不一致。换句话说，当你母亲指出你的某个缺点，并将其与别人的缺点相关联时，从某种意义上说，她是想用一个不那么令人满意结果来威胁你，但你的内在自己对此完全不认同。你的负面情绪即反映了这种不和谐。这就是你的引导系统工作的方式。每当你感到负面情绪时，就意味着你的活跃想法（不管你是如何想到的）和内在的自己没有达成一致。

杰　瑞： 即使在今天，偶尔有些事情也会让我想起我母亲对我的指指点点。

亚伯拉罕： 出现这种情况时，你仍然会感受到负面情绪，这意味着你的内在自己仍然不同意你母亲的话。

遗传特征是否会
决定我的未来？

杰　瑞： 我们不是会把某些特征遗传给孩子们吗？就像遗传身体特征一样，我们也会遗传其他特征，不是吗？

亚伯拉罕： 你能不能给我一个具体的例子？

杰　瑞： 比如心智、体格、天赋、健康……这些现在能对我产生多大的影响呢？

亚伯拉罕： 任何事物都不应给你造成负面影响，但是当你真的受到负面影响时，那是因为你放弃了积极的思维方式，让心中最活跃的想法，阻碍你得到真正想要的东西。

负面期望常常会从一代传到下一代，但在任何时候，一个人只要能认识到消极思考带来的不和谐，明白负面情绪即意味着他的内在自己不认同目前的情况，就能逐渐忽略这些抗拒的想法。因为这些抗拒的想法就是所有痛苦、悲伤和负面体验的问题所在。

我们应该把受到虐待的孩子从他父母身边带走吗？

杰　瑞： 如果我小时候有今天这些法律规定，那么当时过那种日子的我，肯定会被带离父母身边，被送去寄养家庭。但是在那时，我猜那样的生活方式是能被人们接受的。所以，当我长大后离开家庭，我并没有把童年经历看作什么让我沮丧的事情。我甚至认为那更像一种冒险，觉得生活充满刺激和变化。所以，我从来没有回头看过，也没有因为受到苛待而责怪我的父母。那只是一种我们共同创造的方式。换句话说，我知道自己的职责，我假设父母也知道他们的职责。但今天，时代不一样了，虐待儿童成了一个大问题。

在我看来，有很多人故意让自己暴露在我认为是虐待的情境下，比如打冰球或橄榄球，或者在拳击场上厮杀……是否所有人都在选择，就某方面来看，是我选择了父母的虐待？

亚伯拉罕： 我欣赏你的问题，因为很多人不认为自发选择对抗性运动和被父母虐待是一回事，但你的看法是正确的。

人们不明白的是，所谓选择，不是你看着某样东西，然后大喊："是的，我想要！"事实上，当你把注意力放在某件事物上，你就做出了选择。在这个基于吸引力法则的宇宙中，当你关注不想要的事物时，你的关注会激活你内在的振动频率，然后吸引力法则就会把更多类似的事物带到你的体验中。

当然，孩子被虐待本身是件可怕的事情，但是孩子被剥夺了成为真实自我的自由，也是件可怕的事情。我们希望你明白，在任何情况下，那些施加虐待的人——无论虐待的程度在你看来多么严重——他们在施虐的同时，会因为自己脱离本源而受苦。换句话说，不只被父母虐待的孩子受苦，和本源失去联结的父母也不好过。

把孩子从遭受身体虐待的环境中带走，在当时情况下一定是最正确的，但是这个行动没有解决真正的问题。实际上，隔离孩子和施虐的父母，只会加剧造成虐待的不和谐状况。觉得自己没有价值的父母会感到更不值得，为了让自己感觉好一些，他们常常会变本加厉地虐待。而那个经历了折磨的孩子，由于现在被禁止与他真正爱的人接触，会更没有安全感。

只有当人们理解自己觉察到的情绪，控制思维的方向，儿童虐待问题才会结束。在自源性的虐待消退之前（即否认自己现在的面目，不肯联结到内在的自己），各种形式的暴力就会继续存在。

孩子们有着很强的可塑性，比成年人更容易恢复和本源的联系。在你的童年，没有社会工作者指出你在受虐待，你也没有被虐待打倒。你把愿望的火箭发射到振动实体中，通过受虐的体验获益。这是人们最难理解的事情之一。"为什么一个孩子会自愿来到一个让他饱受虐待的家庭？为什么一个慈爱的宇宙主宰会允许这样的事情发生？"

我们要提醒你，你的目的不是寻找一个让你享受世间美好的安乐窝。你想要差异性和多样性，甚至想要不和谐。你想要一个机会，去定义一个更好的体验。你知道自己是一个创造者，也希望自己的经历能够帮助你做出选择。你的一生都在学习和成长，不仅仅是当你是孩子的时候。

没有惩罚，
孩子们会做家务吗？

杰　瑞：　亚伯拉罕，在父母和孩子的关系中，惩罚扮演什么角色？为了让有形生活的大小细节顺畅地运转，比如打扫房子、倒垃圾等，你对惩罚有什么看法？

亚伯拉罕：　我不支持惩罚，虽然那是一种刺激他人行动的方法，但我从不认为这样做会有好结果。换句话说，如果一位家长想要一个井然有序的家庭环境，希望孩子成为和谐家庭生活的小帮手，那父母的振动频率就不会失衡。因为他的愿望和期待在振动频率上是一致的。在这样的情况下，他会激发孩子们内心想要合作的心理。我鼓励这种激发，而不是刺激。

刺激更像是这样：父母意识到自己还有很多事要做，又注意到了不帮忙的孩子们；他看到的和他想要的不匹配，所以体验到了振动的不和谐，感觉就像是负面情绪。在挫败和愤怒中，他定下规矩，如果孩子不合作，他就要加以处罚。孩子们受到刺激而采取行动，因为他们不想承担不行动带来的负面后果。但在他们缺乏与本源的联结时，他们就无精打采，注意力不集中，做不好家务，也不愿意做家务……这又是一个关于原地踏步的典型案例。

父母或者任何人，想要激发他人正面行动的，首先
要调整好自己的振动频率。我们要想象自己想要的结果，
也把正面的注意力投注在相关的人身上，才能和本源能
量享有一致的振动频率。我们不会让眼前不想要的结果，
成为我们关注这些人的原因。

换一个说法：不要被不配合的孩子分散了注意力，阻止你看
见振动模式中乐于助人的、快乐的孩子。如果你能够坚持自己的
想象，不去注意孩子们的懒惰（因这会切断你与本源能量的联系），
他们最终会感受到你的联结带来的强大影响。你最好以鼓励的态
度，让孩子们从事家务。你的孩子会变得充满创造力，去寻找对
自己有益的方法，而不是因为你告诉他们，如果不这么做就会带
来负面后果，因而对每一件小事都感到不情不愿。

维系"家庭的和谐"
是否会牺牲个人自由？

杰　瑞：　　当一家人共同生活时，无论是单亲带一个孩子的小
　　　　　　家庭，还是三代同堂十几口人住在同一个屋檐下的

大家庭。你有什么建议，可以让一家人尊重彼此，团结友善，同时不失去个人的自由？是不是必须有一个人说了算，还是每一位家庭成员都可以自由地做出自己的决定，一家人仍能和乐融融？

亚伯拉罕： 任何规模的团体都可以和谐地生活、玩耍或工作，只要参与其中的人能先和自己本来的面目保持一致的振动频率。并且，在团体中的每个人都与他们内在的自己达成一致的振动频率之前，你就已经能感受到团体内部的和谐。在群体动力关系中，每个人都在追寻的和谐就是和内在的自己拥有相同的振动频率。实现这个目标后，你才能跟别人保持和谐的状态。能一直留在自己能量涡中的人，才能与他人和谐共鸣，即使其他人并未有意识地寻求与这个人的同频。

无论是物质状况、身体状况、财务状况还是和谐的关系，人们渴望某样东西只因为一个理由：他们相信拥有这样东西会让自己感觉更好。练习让自己感觉良好的思维方式、列出积极正面的特质，放纵自己尽情感谢，一旦你向自己证明你能保持与内在的自己相同的频率，并尽全力留在你的创造能量涡中，你会发现周围的世界一片和谐。

那么，谁来负责呢？更好地表述这个问题的方式是：谁会领导这个团体？答案是：一个与本源同频的人，比数百万个与本源不同频人更有力量。因此，振动频率和内在的自己、创造的能量涡，以及创造世界的力量最为契合的人，就会变成众人的领导。大家会自然地被头脑清晰、情绪稳定且快乐的人影响。

假如一个家庭中没有和本源同频的人，那么领导团队的工作通常会落到年纪最大、能力最强或声望最高的人身上。但这样的话，我们是看不见真正的领导力的。

许多人以一种落后的方式看待生活和领导力。他们希望别人来讨好他们，因此只要看到合乎他们心意的事物，他们就会感到愉悦。我们鼓励你把注意力放在让自己觉得开心的想法上，即使你看不到让自己开心的证据，但由于你一贯不去抗拒，没有负面的情绪，你就可以和能量涡中的一切达成一致的振动频率。那么，一个快乐和谐的家庭就已经存在于你的吸引力能量涡中了。

家中
该由谁做主?

杰　瑞: 那么, 在我们讨论的家庭中, 谁才是当家人?

亚伯拉罕: 你这个问题就像是在问"谁应该控制别人?"你唯一能控制的, 就是你的思绪。大多数人给出的答案也许是:"由最年长的或最有权力的人担任一家之主, 他可以控制其他人。"但事实并不支持这一观点, 因为这违背了吸引力法则。一个与内在自己联结的人, 一个处在自己的振动频率能量涡中心的人, 比数百万不处在这种状态的人更有力量。

你要的不是控制家人的行为或想法, 而是控制自己的思绪。你可以想象他们快乐、成功的样子。如果你能控制自己的思绪, 让振动频率持续符合你心目中家人的演化和扩展, 你的影响力将变得无限大, 让人不禁思考你到底有何魔力。

我鼓励你, 不要再去担心别人在做什么, 去寻找那些让你感觉良好的思想、言语和行动。训练你自己, 让振动频率符合所有你投射到创造能量涡中的美好体验和关系, 这样振动频率就会把和谐带到你身边。

父母与孩子：
和谐与创伤的边界

杰　瑞： 我注意到，现在的家庭关系和我小时候的家庭关系差别很大。我的父母显然相信他们对我负有责任。我相信，我母亲做的很多事情都是因为她认为这样对我最好。但现在，根据我从你们这里学到的知识，以及她给我造成的伤害来看，我想她很多时候并没有和内在的自己保持一致的振动频率。

不久前，我在走廊上看到一对母女。

小女孩在妈妈身后大声喊："不！"

母亲问："怎么了？"

小女孩嚷道："不对！"

她的母亲恍然大悟："哦！你想当小领队吗？"

小女孩说："是的。"

于是她的母亲站着等她先走，小女孩噘着嘴走下楼梯，然后领着她的母亲去了她想去的地方。

我想，现在的情况和我小时候完全相反。今天，我们常常能看到小孩子向他们的父母提出请求，他们的父母也会听他们的请求，这并不是什么罕见的事。可以讨论一下这种变化吗？

亚伯拉罕： 如果共同创造的双方都不愿花时间跟自己的能量涡达成一致的频率，那么双方都无法留在能量涡里。通常，失去联结最严重的人（也就是感觉最糟糕的人）将成为掌控局面的人。但是，衡量没有力量的人有什么力量，就等于让一个头脑混乱的人讲逻辑，根本不可能产生任何成效，而且每个人都会不开心。

从我们的角度来看，只有那些始终留在创造能量涡里的人，才能有效地领导、抚育或提供指引。如果你没有花时间与本源的力量和智慧保持一致，你就无法领导别人。

孩子们从和本源脱节失去共振的成年人那里学会了他们的暴躁易怒。

孩子们从和本源保持同频共振的成年人那里学会了他们的坚定和通达。

The Vortex

孩子们必须
被灌输父母的信仰吗?

杰　瑞: 一些人年纪轻轻就为人父母，还没有学会后来的生命阶段才能学到的东西。假如我们自己还没学会，我们要怎样教育孩子呢?

亚伯拉罕: 你的孩子们常常能记得你已经忘记的东西。他们仍然记得他们是好样的，他们仍然期待一切会有好的结果，他们仍然与自己的内在本源保持频率一致的振动。换句话说，你的孩子们仍然在他们的能量涡中。这也是他们常常不愿意听你的话，或与你观点相左的原因之一，因为你以某种方式否定了他们。这里引出了另一个重要的错误前提——

错误前提
14

——

作为父母，我必须知道所有答案，
这样我才能把答案教给我的孩子们。

你永远不可能获得所有答案，因为你永远无法问完所有问题。

你总是会发现新的对比，产生新的问题。事实上，这就是你此生的乐趣——体验永恒的演变和扩展，以及发现的喜悦。语言无法为师，生活经验才是最好的教育。你的孩子们诞生于这个世界不是为了听你的说教，而是为了从他们自己的生活经验中获得成长。

你能为你的孩子们提供最大的价值是，理解有形的你和无形的你的关系，有效利用你的情绪引导系统，尽可能地接近你的吸引力能量涡。

假如你不在你的吸引力能量涡内，并且因此感觉不好，不要假装你感觉很好，要真实。让你的孩子们知道，你意识到了你与内在自己的不同频，让他们知道你想找到同频的状态。向他们展示你学到的，能让你感觉良好的方法，并且时常地、公开地应用它们，直到你能非常熟练地在你想要的任何时候进入你的吸引力能量涡。

如果你在不开心的时候假装开心，或在害怕的时候假装自信，你只会让你的孩子们感到困惑。通过你的用心的、清晰的展现，让他们看到当你努力管理有形的你和无形的你之间的振动频率时，你的生活有多美好。让他们知道，你想要良好的感觉，证明给他们看，不管发生了什么，你都可以让自己感觉良好。

最重要的是，让你的孩子们明白，他们不需要为你的感受负责。让孩子们摆脱"取悦你"这一不可能实现的束缚。这样做，你将让孩子们回归他们自己的美妙的引导系统。

谁应该
为家庭的失调负责？

杰　瑞：　在我的童年经历中充斥着父母的尖叫、争吵、扭打，孩子们也常常遭受殴打。我的成长过程中一直有一个核心的观念，那就是世界不是一个安全的地方，可能会发生非常可怕的事情。后来我进行了五年的心理治疗。从那以后，我得出的结论是，我不需要对我身上所发生的事情负责，我只是一对失控的父母的受害者。

亚伯拉罕：　虽然治疗师不想让你为发生在你身上的事情感到自责，但把事情归咎于你的父母，没有太大的意义。无论你是感到自责还是内疚，你仍然在你的能量涡之外，仍然没有和真正的自我达成一致的频率。相信自己是受害者，认为其他人有能力给你施加痛苦和折磨，没有比这更具有破坏性的结论了。

　　我们知道，当你确实因为别人的行为直接遭受了伤痛和苦难时，或许你很难理解我们的话。我们必须解释一些重要信息，好让你理解：你的父母不是因为你不好而揍你，也不是因为他们不好而揍你。父母揍你是因为他们与他们内在自我之间的振动频率没有达成一致，他们对此无能为力。一个人从感到无能为力到想要报复到产生挫败感，其中的逻辑是有迹可循的，这表示他们已经朝着一致的频率前进。

换句话说，感到无能为力意味着你跟本来的面目的能量涡相距甚远。想要报复，就把距离拉近了一点，愤怒则让你更近一点，无法承受表示你靠近了本来的面目，挫败感则表明你又靠近一些。现在你几乎已经站在你的吸引力能量涡里了。对幸福的信念和对幸福的了解都在这能量涡里，还有欣赏、爱、激情、渴望，以及所有让人感觉良好的情绪。

当你发现自己陷入严重、无法控制的情境下，你的反应是害怕。于是你畏缩、哭泣（我们绝对理解你的反应），你从你的父母身上唤起了更多你不想要的东西。或许很难理解，但如果你能够在精神上把自己从一场又一场扭打的戏码中择出来，把心放在你的玩具、你的房间里，不要去蹚那个振动频率的浑水，你的父母就会让你远离闹剧。然而，不去注意身边发生的事，或压抑自己的情绪反应，其实并不容易。

对于你的父母来说也是一样。毫无疑问，他们的生活中发生了一些他们很难忽视的糟糕事情，导致他们卷入越来越多不想要的情境。这是一种痛苦的连锁反应，因为某人不开心（通常是有理由的），他对另一个人发泄，另一个人又对下一个人发泄，如此循环……

被卷入这种痛苦的连锁反应的大多数人，无论是孩子还是大人，无一例外地从他们不快乐的生活中得出结论：他们没有价值，好事不会发生在他们身上。因为他们怀有这样的感觉，坏事就真的发生了。

然后，大多数人即便接受心理治疗，也要花很多时间去想别人的行为是正确的还是错误的。孩子们责备自己，孩子们责备他们的父母，父母责备自己，父母责备他们的孩子，痛苦的链条就这样继续运转着。

只有当你愿意放下时，你才能在情感刻度上朝着爱和赞赏的方向前进，因为这两件美好的事物就代表你本来的面目。只有在能量涡中，你才能充分欣赏它给你带来的体验、扩展和释然。

大多数人认为他们是在寻找一个爱他们的人，他们也认为爱他们是父母的责任。但是处于绝望中、远离幸福能量涡的父母没有爱可以给予。孩子以为自己之所以不被爱是因为他们自己有问题，却不明白这只是因为父母的振动频率离爱很远。

我们必须强调的是，人类总是在错误的地方寻找爱。看看你的能量涡，看看扩展后的你，看看你的本源，看看爱的源头。它总是在那里等着你，但你必须先在内心找到与其一致的振动频率。你必须将你的振动频率调整成爱的振动频率，你的能量涡才会将你包围，你才能得到满满的爱。

婴儿怎么可能
"吸引"不想要的经历?

提 问 者: 当你只有九个月大时,你怎么可能会吸引可怕的经历呢?

亚伯拉罕: 即便你的身体只有九个月大,但你事实上是一个非常古老且有智慧的创造者,只是在那个婴儿的身体里。你来到这个世界上,怀抱着强烈的意愿,要体验对比,把清晰的愿望发射到你的振动实体中,以实现扩展。

人们经常认为,由于婴儿不会说话,他不可能创造自己的经历。但我们向你保证,能创造体验的只有你自己。孩子会发出振动——这是他们能够吸引事物的原因——从他们出生的时候就开始了。

小孩天生就容易和自己的能量涡保持一致的振动频率,而他们出生后所面临的环境不大会影响他们这种倾向。大多数孩子进入有形的身体后,不太容易被周围的人影响而偏离他们的能量涡。但有时候,如果进入有形的体验时,你怀着更宏大的意愿,想要传达通往幸福之地的方法，在出生前，你就想早早进入对比中，让对比在你一生下来就激发你的愿望。因为你明白，愿望的力量会从对比的体验中浮现出来。你真知道自己不想要什么时，就会发出更清晰的振动，请求你想要的东西——如此，你的能量涡会更快地扩展开来。

　　从出生前的无形观点来看，你明白不适、负面情绪、疾病或所有不想要的事物，其实是因为你的振动频率不符合能量涡，不符合你本来的面目。因此，所有进入有形身体的人，其实都渴望早点获得对比的体验，把愿望发射到创造的能量涡中。因为能量涡旋转的力量越大，本源的呼唤就越强。所有无形的存在都明白，渴望越强烈，就越能察觉到抗拒。既然抗拒会阻碍喜悦的创造，那么觉察得越清楚越好。

　　我们理解，如果你仍然站在你的能量涡之外，脱离了从你体验过的对比中浮现出来的强大存在，那么这些解释仍不会令你满意。但是，我们向你保证，当你寻到了更多让自己感觉良好的理由；当你试图给你的父母，或任何伤害你、背叛你的人找到正面的解释；当你进入你的吸引力能量涡时，你就会理解我们的话。因为当你和进化、扩展后的你合为一体，周围都是你想要的事物发出的振动频率，你就不会对任何帮助你实现这一切的人心怀责备了。事实上，你会欣赏他们在你愉快的扩展中所扮演的角色。

为什么有些孩子
天生就是孤独症患者?

杰　　瑞： 是什么导致一个孩子一出生就带有不想要的身体状况？例如，似乎有不在少数的孩子一出生就患有孤独症。在出生前，婴儿是否会出现匮乏的想法？

亚伯拉罕： 从你的有形角度来看，你常常会忘记对比和差异的巨大价值。但是，从你出生前的无形视角来看，这两者的价值对你的选择来说，通常是很重要的因素。很多家长和老师忘记了对比和差异的价值，他们强烈地希望他们的孩子能够"适应"。这导致了相似性的泛滥，令人不安。因此，很多人诞生于这个世界，都想要与众不同，以求他们能不被驯化成千篇一律的样子。所有无形的存在进入有形的身体后，都很清楚自己的目的，也充满热切和信心。他们从不匮乏，从无例外。

ortex

*Where the Law of
Attraction Assembles
All Cooperative
Relationships*

第四部分

自我欣赏
与吸引力法则

欣赏，通往你的能量涡的"神奇"钥匙

欣赏，
开启你的能量涡之钥

　　我们非常享受与你的互动，向你分享关于宇宙、吸引力法则的知识，以及你们在其中扮演的重要角色。在我们和有形世界的人类朋友互动时，我们的主要意图始终是帮助你记起你本来的面目。如此，在这场快乐、永恒、普世的创造中，你们才能体验到自我欣赏会让人感到多么充实。

　　　　我们之间的对话像一场盛大的舞蹈，我们在有形视角和无形视角之间来回穿梭，因为两种视角都是整体中不可或缺的一部分。有形和无形的视角都是永恒扩展的要素，而在这本书里，我们提出的最重要的看法，以及你们所能学会的最重要的知识，就是这两种振动频率的整合。

　　当你探索有形的观点，通过身体的感受来观察，你会发现自己根本抗拒不了它。你接触到、感知到、轻嗅到地球上的各种对比，所有栩栩如生的细节，让你把自己的世界称为"现实"。的确，你对物质世界的关注能为你和宇宙万物的扩展效力，但是你通过有形的感官在令人惊讶的地球、银河和有形实体中所发现的，不止于此。你所看到的一切，都是即将到来的事物的前奏：一个充满更多喜悦的实体和新面目的地方。

当人们看到银河和地球上的奇迹，观察美好的事物如何靠着无形的力量出现，尽管人类对此的领悟和解释算得上贫瘠，但基本上是准确的：有形的世界是无形能量和创造的延伸。你所看到的一切，都是从本源能量自觉的关注中创造出来的。

人类和世界的创造故事，并非完结篇，而是不断续写的。创造这个世界的本源能量会继续流向你，流过你，继续去创造、扩展宇宙。

出于谦逊的缘故，人类常常拒绝承认他们在世间万物的不断扩展中扮演的重要角色，这就是我们写这本书的原因。我们想要唤醒你对你本来面目的记忆，让你记得你为什么会在这里。我们要你再次记起自己的创造能力；你进入有形的身体，从事很重要的任务，我们要你享受成果，希望你回到能量涡中。

你们的有形体验在这个有形的世界里提供了必要的对比，关于世界该如何改善的意见和愿望因此得以实现。就算你们看不见，通常也感觉不到，但你们想要变好的愿望，带着振动频率，如火箭一般发射出来，犹如传达讯息的使者。你们的愿望射入振动的场域中，就像你们在地球上发射的火箭进入大气层一样。创造世界的本源能量，也是一切万物的来源，会接收到这些愿望。所有想法、请求和愿望都能被理解，并且在它们发射的那一刻，就得到了应答。

大多数人可能既没有意识到发射出去的愿望，也没有觉察到本源的应答，即便如此，充满力量的新创造已经开始了。一些人在思考这些话时，可以理解创造的永恒特质。许多人承认创造的力量仍然存在，扩展也仍在继续。但我们的人类朋友最常误解或忽视的一点是，经历有形的生活和发出想要扩展的愿望时，除了创造出扩展的世界，你们也会跟着扩展。

当你看到疾病，无论是在自己身上还是别人身上，你就发出了一个关于健康的振动请求。本源接收到这个请求后，就会做出应答。有形世界中的对比向你揭露了腐败和不公正，你就发出了一个关于公平和正义的新的振动请求。当有人对你举止无礼时，你的振动愿望是得到善待。当你囊中羞涩时，你的振动愿望是获得更多钱财。伴随着你每时每刻发出的种种请求，一个振动缓存区（或者说振动实体）开始形成。更广大的、无形的你，在你出生前就已经存在，那就是你的内在本源（内在的自己）。除了会响应你想要变好的愿望，也会最终达到那种状态。

人们常常很难想象这样一个创造者，一种力量，或一个演变过程，能让像地球这样奇妙的东西，在自己的轨道上完美而准确地旋转，并与其他星球保持最适合的距离。然而，即便你不理解，也无法解释它，你——你们每个人——依然持续地通过你的生活体验，把愿望的火箭射向振动实体，等待着这些愿望有朝一日会被地球上的旅居者们完全实现，为一切的扩展添砖加瓦。

我们写这本书的目的，是引起你们对你们正在创造的振动实体的注意。我们希望你发现创造的能量涡。最重要的是，我们希望你找到一种方法，有意识地引导自己的思想，让你的振动频率符合不断旋转和创造的能量涡。因为你心中产生的每一个愿望都存在那里，就像你在梦中想象的那样，等待着你调整好振动频率。

你现在所看到的一切物理的、有形的、可见的、可听到的有形实体，之前都在发出振动频率的创造的能量涡中旋转。首先有了思想，然后是思维的形式，最后才是你在物质世界中看到的实体。想要变好的梦想、愿望和想法已经被更大的你接收到了；当那个更年长、更健康、更睿智的你把注意力放在你的渴求上，没有任何抗拒时，强大的吸引力法则就会做出响应。然后，所有参与创造的元素（具有相同振动频率的元素）都被吸引到这个旋转着的振动实体中，你现在就看得到这个有形实体的预兆。要让振动实体变成有形实体，表现为你可以看到、听到、闻到、尝到和触摸到的事物和体验，你只需做一件事，那就是：你必须进入能量涡！

当你的丈夫在他遭遇挫折时对你大喊大叫，你因为他当下没有向你表达爱而感到难受，你发射了一个希望被尊重、被爱的愿望火箭，希望有一个能让你感觉更好的伴侣，一个爱你的伴侣。然后，点击，点击，再点击，直到这些请求被接收并整合到你创造的能量涡中。现在，吸引力法则将对这个旋转着的创造请求做出反应，吸引所有参与创造的元素——你更新迭代出的创造的能量涡因此扩展了。但你可能还需考虑一个非常重要的问题：你现在是共同创造的元素了吗？你在能量涡中了吗？

· 如果你仍然因为他的言语虐待而感到不舒服——你就不在能量涡中。

· 如果你在向你的闺密解释发生了什么，为你在整个事件中的清白辩护——你就不在能量涡中。

· 如果你渴望他像当初一样对你好——你就不在能量涡中。

· 如果你释怀并重新想起你决定嫁给他时的感觉——你就在

能量涡中。

· 如果你不把他的情绪爆发放在心上，并且专注于你正在经历的其他积极的事物——你就在能量涡中。

· 如果你感觉糟糕——你就不在能量涡中。

· 如果你感觉好了一些——你就离能量涡更近了一些。

理解吸引力能量涡的一个简单方式是：

· 在你出生进入有形的身体之前，你就在能量涡中（那里没有抗拒的思想）。

· 曾属于你的意识，现在有一部分灌注于有形的你身上。

· 生活中的对比让你把渴望扩展的愿望传送到能量涡里，而无形的你有很大一部分就留在那里面。

· 能量涡里只有你想要改善和扩展的积极请求，没有与改善和扩展相矛盾的想法。

· 能量涡发出纯粹、毫不抗拒的振动频率，吸引力法则加以响应，所有相互效力、振动一致的元素聚集在一起，这些是完成创造所必需的条件。

· 你是你的创造的必要元素。

· 事实上，你就是创造本身。

· 所以，只剩下一个问题：当下的你，在有形身体中的你，振动频率符合你的创造吗？

· 你此刻的感觉，就是你当下关注的创造问题的答案。

· 如果你感觉到愤怒，你的振动频率就偏离了，你就不在能量涡中。

·如果你感觉到心怀感激，你的振动频率就是一致的，你就在能量涡中。

进入创造的振动能量涡，去体验完全没有抗拒的状态和你现在的面目以及所有你想要的东西达成一致的振动频率，并且把你渴望的一切带入有形体验中，做到这一切的关键，是让自己处于欣赏的状态。而且，没有什么是比把你的赞赏倾注在自己身上更重要的事。一些习惯或信念，让大多数人脱离自己创造的能量涡。其中，缺乏自我欣赏的影响力，比其他所有想法加起来都大。

你为什么
会没自信？

杰　　瑞：　我常常谈起自己的经历，因为这些经历是我最熟悉的。我明白发生了什么，也记得我的感受。我记得我小时候非常自信，不怕陌生人，并且觉得自己有能力做任何事情。但是随着岁月的流逝，我开始受到其他人的批评，对自己产生了负面的评价。我失去了自信，变得近乎沉默寡言了。

我看到孩子们带着自信和勇气向我走进来，像小时候的我一样。但后来，一点点地，他们也遭受了我刚才说的那种"削弱"，逐渐变得不自信。你能解释一下我们的自信为何会被破坏吗？该如何预防这种破坏，又该怎样提升自我欣赏的能力？

亚伯拉罕： 你是对的，唯有亲身经历才能真正理解。也因为这个原因，你的生活要你扩展，把愿望的火箭发射到创造的振动能量涡中。然而唯有你允许自己跟上愿望的火箭，并与之融合，你才能真正得到知识和领悟。别人发射的愿望火箭，你再怎么追赶也无法领悟。这就是为什么教育不在言语之中，唯有经历才是良师。

这也是你在一开始如此独立的原因：你听不进别人的话，一心追求自己的体验，想自己做决定，想自由地选择。这种渴望永远不会消退或减弱。实际上，它只会越来越强烈！你与生俱来的自信之所以会消退，是因为你让自己的注意力分散了，你远离了你的能量涡。换句话说，你允许别人说服你，更多地去关注他们的感受而不是你自己的感受。

你感受到的每一种情绪，都是你和能量涡关系的显化。当你感到自信，说明你当下的想法完全符合你内在本源对你的感觉，符合创造的能量涡；当你感到不安时，说明你当下的想法不符合内在本源对你的感觉。

因此，当父母、老师或朋友向你传达出不赞成的态度（为了从你那里唤起让他们更满意的行为）时，假如你改变自己的想法、言语或行为，以取悦他们，你就脱离了真正的指引和自信的来源。

所以，不是你的自信被破坏了，而是你阻挡了它的持续补给。寻求他人的认可时，你被分散了注意力，远离了你的本源能量源源不断的补给。这也就是我们所说的："总在错误的地方寻找爱。"

要想鼓励别人，你必须引导他们回到自己的自信源泉。要他们响应你的赞同或否定，是帮不到他们的。很多人以为要提升他人的自信，就要给他们无数赞美。万一他们要靠你来证明自己的意义，而你要把精力放在其他事物上，他们就糟糕了。或者，他们想从你这儿寻求支援，你却和自己补充能量的源泉失去了联结，没有什么可以给予他们的，他们也糟糕了。如果你能让他们意识到，每个人都有提供补给的源泉，不需要依赖其他人，只要理解创造能量涡的本质，调整自己的振动频率即可，你就能让他们的信心获得真正的提升，不需要借助别人的力量来获得信心。

迈向自我欣赏的
第一步

杰　瑞： 每当我想起别人对我的负面评价时，我就感觉很糟糕，这时候我常常会想起我的祖父，他极大地鼓舞了我。有些老师让我感到自卑、尴尬和被轻视，但这时候我会想起我的演讲老师汉利先生，他鼓舞了我，让我觉得自己还不错。上体育课时有人取笑我，但随后体育老师皮尔斯先生极大地鼓励了我。此外，我记得我很喜欢参与教会的青少年活动、唱诗班和童子军活动，但随后那个教会里总有人喜欢批评其他教会和其他人。我只想逃开。

但现在，听你们说行动并不重要，我们要做的不是远离不想要的东西。我们不需要指望老师或家人来鼓舞我们，给我们自信，哪怕这确实有帮助。在任何情况下，我们都能在自己身上找到信心，对吗？

亚伯拉罕： 通过你的生活实例，你指出了依靠别人获得鼓励的问题。已经感受到赞赏的人，也就是那些和能量涡、和创造世界的纯粹且正面的能量保有一致的振动频率的人，当他们关注着你，你感觉到他们的目光带给你的好处。但是，那些不在他们能量涡中、与本源不太一致的人，当他们出自匮乏的观点关注着你，你会感受到他们的关注带来的坏处。由于无法从别人身上得到一致的响应，最终将导致你的自信遭到破坏。

你的创造能量涡，你内在的本源（内在的自己），总是坚定和可靠的。当你通过你所选择的思想，朝着创造的能量涡前进，一定会觉得自己被填满了。常回归本源汲取能量，就能享受美好的平静的生活。

吸引力法则
如何影响竞争？

杰　瑞： 你认为竞争有益吗？在我青少年时，每当我看到有人在跳板上做出令人叹为观止的跳水动作，我就想要比他做得更好。如果我看到一个杂技演员在某些方面超越了我，我就会尝试做别人没有做过的杂耍动作。在我看来，我似乎总是在不断地和别人的长处比。但后来，成年之后，我总想着让自己远离任何有竞争性质的事物，因为我不喜欢这样的想法：有人赢，就必须有人输。我喜欢赢，但我不喜欢输；

即使在我赢的时候，我看不得别人输。

亚伯拉罕： 你让自己进入这个充满多样性和对比的有形实体中，因为你享受从这里得到的思想刺激。如何有效地运用周围形形色色的想法和体验，关键在于以这些东西来激发你的愿望。一旦你的愿望形成，发射到你的能量涡中，你就将你全部的注意力放在自己身上，还有你的每一个念头和能量涡的关系上。一旦你发射出愿望的火箭，有形层面上的竞争就达到目的了。换句话说，在创造过程的第一步，竞争提供了强大的动力，但对创造过程的第三步，竞争成了强大的阻碍。

杰　瑞： 你说的是比较还是竞争？

亚伯拉罕： 竞争只是比较的高级版本。切记，游戏永远不会结束，因为总会有其他的对比让你发出新的愿望。因此，调整振动频率，朝着能量涡前进时，你一定会享受到无穷的乐趣，也会体验到最新的扩展成果中的一切。

比不过别人
怎么办？

杰　瑞： 在我已经买得起豪华的汽车后，有很长一段时间，我仍然开着一般的车。因为我记得自己曾经批评过最贵的车。但在上述两种情况下，我从别人身上获得的响应都会影响我。你会认为这种方式是不健康的吗？

亚伯拉罕： 任何时候，一旦别人对你的看法变得比你和自我的平衡更加重要时，就是不健康的；任何时候，只要你想要采取行动去操纵或影响别人对你的看法或态度，就是不健康的，因为你正在用他们的看法取代你自己的引导系统。

担心全球经济
怎么办？

　　大多数人都会被别人的行为和想法影响，忘记调整自己去符合扩展。结果不尽如人意时，他们误以为那都是别人的行为或意见造成的，但事实并非如此。你感觉到的每一种情绪，无论好坏，都是你目前的想法和内在本源对同一件事的领悟之间的关系。

　　一些人因为目前没有工作或收入感到强烈的恐惧和焦虑。大多数人会感到恐惧，是因为他们的负面猜测，想象情况会变得更糟糕，担心不乐见的情况会对他们的个人生活产生可怕的负面影响。

　　他们把注意力放在他人经历的财务折损上，然后猜测情况可能有多糟糕。虽然他不是故意这么做的，也绝对不想这样，结果却在无意中让原本已经恶化的经济情况变得更糟。担忧的想法并不能在实际上摧毁一家企业，或损害就业资源，但这些想法会让他们远离内心渴望的富足生活。

　　你看到别人经历困难，害怕类似的困难会发生在自己身上时，你就让自己处在一种紧张的振动状态下，幸福便无法自然地流向你。随着越来越多的人开始注意别人的苦难，自己跟着担心，心中充满抗拒，无法接受自己的幸福，恐慌的情绪就这样传播开来。而且，在短时间内，一个非常负面的抵抗模式就可以席卷整个社会。在这样的情况下，好消息是，只要大家对经济情况产生负面的感受，就会发出振动要求，想要变得富足。这些愿望被本源清楚地听到，并立即做出回应。一个无形的、振动的创造能量涡开始有力地旋转，以响应那个有力的请求。所有符合的元素都被吸入这个能量涡中，顺随自己的人被拉进去，就能得到扩展，感到痛苦被解除。

尽管你可能依然不清楚要怎么应对国内或全世界的经济问题，但解决方法不在于你所采取的行动，而在于你发现的振动频率，唯有它能让你清楚地看到该往哪个方向寻找解决方法。简单来说，既然你想要找到的解决办法已经被强大的吸引力法则汇聚在创造的振动能量涡中，你只需要停止让你离开能量涡的想法即可。因为你对一个东西的想法常与自然的振动相反，阻碍你找到你想要的解决办法。

你们关于富足和财务自由的看法是矛盾的，这个现象在社会、政府中非常普遍。想要解决问题的人和一般大众充满矛盾。也就是说，你不能两者兼得：企业承认他们想要人们购买他们的产品和服务，花钱刺激经济；同时他们也认为，兴旺发达的企业越多，经济就会越好。但随后，一个与之矛盾的主张出现了，有人说花太多钱或过得太好，展现自己的财富，会给人傲慢、不合时宜的感觉。

很多人想要拥有更多的财富，又看不上那些已经掌握财富的人：

"我们需要你花钱刺激经济／你花钱让我们觉得不舒服。"

"我想变成有钱人／有钱人的行为都是不道德的。"

"我想变成有钱人 / 有钱人正在剥夺穷人的资源。"

"花钱可以刺激经济 / 花钱就是浪费。"

"花钱，刺激经济 / 要存钱和降低欲望，拯救经济。"

"我想过上富足的生活 / 地球的资源是有限的。"

你想变得富有是非常自然的想法，地球上的也有足够的资源，能让所有人都实现富足。但是，一直想着匮乏，或者持续反对那些正在变得富裕的人，让你和自己的愿望相矛盾了。更重要的是，你也在抵触你发射到创造的能量涡里的愿望。

当你相信别人剥夺了属于你的东西，并因此感到负面的情绪时，这样的负面情绪跟别人拥有什么没有关系，重点在于你缺乏什么。在任何情况下，负面情绪都跟你的特质有关。负面情绪出现的那一刻，别人给你什么你都收不到。更重要的是，如果你靠着现在的体验还没有享受到富足的生活，如果你想要的生活尚未在你的能量涡中旋转，等待你来接收，你就不会因此感受到负面情绪。

如果你想获得财富——无论在何处看到财富，你都必须赞美它。

如果你希望自己或其他你关心的人更富有——你就不能批评那些已经拥有财富的人。当你批评、谴责或反对任何东西时，你就激活了与之相反的振动。一贯如此，从无例外。这让我们得出另一个错误的前提：

错误前提

15

—

批评成功的人，我才能获得成功。

　　每当你批评或反对任何东西时，你就脱离了自己的能量涡。唯有进入能量涡，你才能体验到成功。错误的前提让人们无法进入富有的能量涡，也无法享受自己应得的能量和幸福。你不能"批评自己"获得了成功，更不能"谴责自己"获得了好处。你在失望、愤怒和谴责中感受到的负面情绪，表明你内心充满了反面的想法：你反对自己成功，反对自己变得富足。你反对和自己的振动频率达成一致，反对能够满足你一切愿望的能量涡。

自私和吸引力法则：
如何平衡自我与他人？

一些人因为我们太重视个人的感觉是否良好，指责我们教大家自私。我们承认，我们理念的核心就是真正的自私。因为如果你不够"自私"，不关心自己的感受，不想把你的想法导向美好的感受，你就无法跟内在的本源达成一致的振动频率。除非你的振动频率符合内在的本源，否则你就无法为他人付出。与本源达成一致的振动频率，进入你的创造的能量涡，与真正的、更广阔的自我合为一体，这是最终极的"自私"。

而且，在你与本源达成一致的振动频率的状态下，好事必然会发生在你身上。你发射的每一个愿望火箭都将被实现。真正的成功不是达到目的、完成工作、享有财富，而是你与本源达成一致的振动频率。是的，自私地与你的愿望、清晰的思想、自信、智慧、爱达成一致的振动频率吧！最重要的是，和无形的自己同频共振！

我们一定要
接受别人的指导吗?

杰　　瑞： 如果我们每个人都觉得和无形的自己融为一体，如果我们始终处在能量涡里，还需要其他人来指导或控制我们，告诉我们该怎么做吗?

亚伯拉罕： 与本源达成一致的频率，你所得到的指导会比你在任何地方得到的指导更多。有时候，因为个体或文化，站在能量涡里领导众人的领袖，会给你带来益处。在那样的情况下，你感觉得到了领导者的力量。在聆听他的话语时，你通常能获得清晰的思路和洞察力。但是，更常见的情况是，当领导者开始带领团队，由于他需要将注意力放在眼前的问题上，他离开了能量涡。然后，他会在能力大幅削弱的情况下继续对团队指手画脚。如果我们是你，我们不会寻求一个领导者，要他为了领导你们而进入能量涡。我们会找到自己的路，走进旋涡，并努力长久地待在那里，然后我们会发现自己指尖流淌着创造世界的力量。

大多数情况下，人们之所以聚集在一起，是因为感到力量薄弱。没有安全感的你们试图改善情况。但是，一大群脱离能量涡的人联合起来，绝对无法看清楚情况，也不能提供清晰有力的解决方案。一个始终处于能量涡中的人，比数百万没有处于能量涡中的人更有力量。

学会欣赏自己：
从内而外的力量

杰　瑞： 既然如此，这套哲学很明显是关于感觉良好的价值。你能指导我们获得更好的感觉吗？你能否给我们提供一种方法或者技巧，让我们对自己感觉良好？换句话说，请告诉我们怎样才能靠自己的力量获得自我欣赏吧。

亚伯拉罕： 自我欣赏的极致是让自己的振动频率符合本源，符合能量涡内已经扩展的你。你不需要把注意力放在自己身上就能做到。事实上，对大多数人来说，尤其是在开始的时候，当你把注意力放在其他事物，而不是自己身上，更容易找到同频状态。

随着时间的推移，你发展出许多观点和态度，还有思维习惯（或者说是对自己的信念）。当这些被激活时，就会让你离开能量涡。

因此，把注意力放在更容易给你带来美好感受的事物上，你将更容易进入能量涡。

例如，你可以想想你最喜欢的宠物，在你赞美宠物的过程中，你可能就会进入能量涡。因为你对宠物没有嫉妒、责备的抵触思想。我们真心希望你能了解，当你在想你的猫或任何不会抗拒能量涡的事物时，你就能轻松地进入能量涡，和自我完全融合。或者比较好的说法是，你已经允许自己与之融合。即便你心里并未想着有形的你，也能达成我所谓的终极的自我欣赏。如果我是你，我会选择容易给我们带来良好感受的事物，把它当作注意力的焦点，以此进入能量涡。

有形的观点训练你保持客观，衡量每件事的利弊，但你会发现，当你这样做时，事物的优点可能会让你直接进入能量涡；而当你专注于缺点时，能量涡会把你吐出来。你不能既想着不想要的东西，又想留在能量涡里……要常常对自己说："没有什么比我感觉良好更重要。"你就能感受到你与你的能量涡越来越靠近。

人生真正的目的
是什么？

我们常常想知道："我的人生目的是什么？我为什么在这里？"我们想让你知道，你来此一遭，是为了享受与有形的实体的对比，因为你知道这将激发新的想法和愿望，实际上，这就是扩展的基础。

我们期望你读了这本书后，会更明白有形的你在创造中居于什么位置，还有你的有形身体在伟大宏图中扮演的重要角色。

我们期望你记住，在此时此刻这个有形的实体中，你正在创造振动实体，使你的未来能够实现。只要能进入你的振动的能量涡，你就能看到并感受到这些梦想，看到它们成真。

如果你已经成为我们的学生有一段时间了，或者已经阅读了这一系列之前的书籍，你会发现我们创造了大量的流程范式。我们想让你知道，每一个流程都是为了帮助你除掉进入能量涡的阻碍。

本书已近尾声，我们将为你们提供一些非常简单的流程。持续运用，它们将帮助你平稳踏实地与你本来面目的能量达成一致的频率，让你进入你的能量涡；一旦你长久地留在你的能量涡中——你的有形生活就会发生转变。

进入能量涡的方式：
如何与宇宙共振？

　　进入能量涡，不需要刻意运用这些过程去改变你的振动频率。很多人因为喜欢美好的感受，一直追寻让他们感觉良好的事物，于是轻松地进入了能量涡。或许你对我们在这本书中提到的内容一无所知；完全不知道"吸引力法则"，不知道"三步创造过程"，不知道你是本源能量的延伸……你仍然可以长久地待在能量涡里，因为你喜欢良好的感觉，所以你的思绪都被引导到让你感觉良好的事物上。你的祖母或许就是一个很好的范例，她满心欢喜地寻找每个人和每件事物的优点。由于你感受到了她和本源联结所带来的影响，你当然可以学着她的样子，但如果你观察世界的方式和周围大多数人一样，你很可能会发展出一套对你不利的思维模式。尽管你可能还没有意识到，但是这种模式会让你脱离自己的能量涡。

　　当你对某件事秉持着某种信念（信念是你一直想着的东西），又经常想到它，这个信念在你的振动频率中就会变得活跃，吸引力法则就会为你提供支持这个信念的证据。因为你想什么就会得到什么，无论你想要还是不想要它。如果不下定决心去改变包含在这些信念中的振动频率模式，你就无法让你的经历有任何改变，不能有意识地控制自己靠近能量涡，靠近真实的你，以及你所渴望的东西。

　　因此，我们提供以下过程，帮助你摆脱阻力，迈上进入能量涡的必由之路。

睡前流程：
如何为明天充满电？

　　今晚，当你躺在床上，请把你的注意力放在能给你带来美好感受的东西上。把思绪拉回内心，不要去想白天压垮你的细枝末节，专注于你当下所在的位置，感受随之而来的轻松。想想你的床：它是多么舒适啊！感受床品的触感，想想你的身体与床垫接触的感觉，想象床垫飘浮起来了，你的身体被吸收进去……放松，呼吸，享受舒适的床。对自己说："这感觉真好。在床上休息真美好。我的生活很美好。睡吧。"

醒来之后的流程：
如何开启高效的一天？

　　早上醒来时，在床上刻意多躺五分钟，闭上眼睛，沉浸在你能想到的最愉快的事情中……你睡着的时候，已经释放了所有的抗拒，如果你现在不激活它，抗拒就不会出现。在床上多躺五分钟，目的是给原本就比较强的振动频率奠定更稳固的根基……在你的头脑中找到愉快的感觉，并尽可能久地保持在这个状态里。哪怕是最轻微的不舒服的感觉冒出来，深呼吸，把注意力放在你的床给你带来的舒适感上，想一些值得赞赏的东西——然后起床，开启你的一天。

专注轮法：
如何保持高效与平衡？

　　吃过早餐，你的身体焕然一新，那就坐在一个舒适的地方，做一个或两个专注轮训练（the focus wheel process）。我们设计这个训练，主要是为了帮助你释放抗拒的感觉，把注意力完全放在你的能量涡上。事实上，这个方法模仿了一个旋转的、充满吸引力的能量涡，在你旋转时动力也跟着增加。

你见过学校或公园游乐场里那种手推的转盘吗？你经常可以看到孩子们成群结队地爬上去，让转盘转得越来越快。当转盘停下来或者移动得很慢时，孩子很容易爬上去，但当它快速转动起来后，就很难甚至不可能跳上去。如果你轻易尝试，转盘的离心力会把你甩进旁边的树丛里。想想你看过的转盘，你将会更容易理解专注轮的运作逻辑。

寻常的一天中，你会遇到许多事情，当你看到或想起它们时，内心就会出现抗拒的感觉。可能是你在报纸上读到的一些令人不愉快的消息，或者有人对你说的话，当抗拒产生时，你总会感觉到负面情绪带来的痛苦。通常情况下，你不可能立即停下手头上的事情，来处理刚刚出现的抗拒心理，但我们真心鼓励你在心里，最好是在纸上，做一个记录：老板的态度让我觉得不舒服。他对我为这家公司做出的贡献全无赞赏。现在，你为明天的专注轮训练找到了一个主题。

你躺在床上，释放了抗拒的感觉。睡梦中，你心中再无抗拒的想法。第二天当你醒来后，你也有意让自己在没有抗拒的状态里沉浸了一小会儿。你吃了早餐，洗了澡，刷过牙，现在你打算静坐十五到二十分钟，来清理潜藏在你头脑中的一些抗拒的感觉。做这件事最好是在你感觉良好的时候。

当你拿出笔记，上面写着老板对你的态度，这时，抗拒的想法又会死灰复燃。所以，请拿一张很大的纸，在最上面写下：老板对我的态度让我很不舒服。他不欣赏我对他的公司做出的贡献。

现在在纸上画一个大圆圈，尽可能大。接下来在大圆的中心画一个小圆圈，然后在大圆的边缘周围画十二个小圆圈，像时钟表面上的数字一样排列。

每当你的生活中发生某件事情，清晰无比地指出了你不想要的事物时，这时你也会清晰地觉察到自己想要的是什么。把你的注意力放在老板不感激你所贡献的价值上，就会产生同等的愿望：我希望老板看到我的价值，以及我对整个公司而言有多么重要。把这句话写在大圆圈中间。

现在，想一想操场上的转盘，你必须找到一种方法跳上去。假如你心中抵抗的想法转得太快，你跳不上去，就会被甩进树丛里。所以你要找到某样东西，就某种程度而言它要符合你的感受，还有大圆圈中间的那段文字。

你可以想：

· 老板其实很欣赏我（在树丛里了）。你真的一点也不相信这鬼话——至少现在不信。

· 这样的老板根本不值得我卖命（现在你根本就是放弃了）。

继续把注意力放在专注轮中间的文字上。这么做能帮你感受到符合那种心情的信念又变得活跃起来。

· 我的老板希望他的公司成功（你跳到转轮上了）。把这句话写在转轮的 12 点钟位置。

· 我来到公司时，业务已经很稳定了（你没有解决任何问题，但这个陈述是你相信的东西，它确实让你感觉好些）。在轮子的 1

The Vortex

点钟位置写下这一点。

· 我确实喜欢这份工作中的一些地方（这句也是真话，现在你获得了一些动力）。在轮子的2点钟位置写下这句话。

· 老板和我有默契的时候，我真的很享受（这是真实的，你的确感觉很好）。写在3点钟位置。

· 我们都能感觉到我们合作时的力量（更多的动力……现在你的转轮开始转动了）。在4点钟位置写下这句。

· 我觉得老板唤起了我心中的理想（现在你开始奔跑了。你的抗拒感消失了）。写在5点钟位置。

· 我确信我的老板能感觉到，我也给他带去了新的想法。写在6点钟位置。

· 我想我们都意识到了，我们是一条船上的。写在7点钟位置。

· 我不想失去这份工作。写在8点钟位置。

· 老板经常让我领导项目和指导别人。写在9点钟位置。

· 他显然是信任我的。写在10点钟位置。

· 我很高兴与他共事。写在11点钟位置。

然后，在转轮的中心，在刚才写好的字上面，或绕着这些字，或横跨整页，用充满信心的粗体字写下：我知道老板看到了我的价值。

针对昨天的问题，你已经把振动的频率转到新的方向，产生的吸引力也改变了，你和能量涡的关系也跟着改变。这就是最完美的自主创造。在这个简短的过程中，你已经释放了心中的抗拒，改善了和老板的关系，调整自己的振动频率符合你本

来的面目，你也进入了能量涡。现在你在能量涡里，用本源的
眼睛看你的世界。

正面列举法：
如何聚焦于积极面？

现在，你已经释放了对老板的抗拒，针对他建立了一个更高的、
没有阻力的振动频率。让这种无阻力的状态延续下去，价值难以
言喻。这样做将帮助你建立新的振动频率基础，产生新的吸引力。
换句话说，利用这股势头，你将会获得无穷的价值。

现在你的振动频率已经和内在的自己保持一致了，接下来从
本源的观点，列出你的老板和你的工作有哪些正面的地方。由于
你处在能量涡内部，这项工作很容易完成。我们鼓励你试试看，
因为能量涡对你来说非常有价值，所以你能停留得越久越好。

现在，把你的纸翻过来，写下这一页的标题：我的老板有哪
些优点。

· 他重视他的业务。

· 他在招聘方面很有主意。

- 他经常亲自参与推进项目。
- 他喜欢微笑。
- 人们喜欢他。
- 他的项目收益都很不错。
- 他在雇用我们中的任何人之前就已经让业务运转起来了。
- 他总是准时支付工资。
- 他的业务稳步增长。
- 我很高兴我在这里工作。
- 我喜欢我所做的事。
- 我真的喜欢这个人。

　　这个列表甚至可能更长，因为在振动频率与本源一致的状态下，你的思维将变得非常清晰。所以，你会感觉到文字轻松地流淌到了你的纸面上。你本来觉得这个人很烦，现在却发现要赞美他时，灵感竟然滔滔不绝。或许连你自己都会感到惊讶，但请记住：此时此刻，你是在透过本源的眼睛看待你的老板。

欣赏狂潮法：
如何让能量爆发？

　　现在，针对这个问题，如果你要完全确定调整后的振动频率，你可以进行下一个步骤：欣赏狂潮。拿出另一张干净的纸，写下你对你老板的欣赏：

　　我欣赏……

　　……他那辆漂亮的车。

　　……他把钱重新投进业务中。

　　……他经常为我们买午餐。

　　……我们有舒适的工作环境。

　　……公司的规模。

　　……公司的发展目标。

　　……在这里工作的职业发展潜力。

　　……这家公司对世界的贡献。

　　……我在这里拥有的自由度。

　　……他的好学。

……他喜欢好点子。

……他那好听的笑声。

……他对业务的奉献精神。

……公司的稳定性。

……他为我提供工作机会。

……冒险的刺激感。

……扩展的机会。

……帮助我扩展的对比。

……帮助我跟上扩展的指引系统。

……这个世界。

……高科技带来的美好时代。

……我的生活！

能量涡中心的生活
是什么样的？

我们写这本书，是为了帮助你接纳振动实体能量涡的存在，从你内心激发出想要常驻能量涡的愿望。因为当你创造出这个能量涡，我们就能享受存在其中的益处。在你的能量涡内，我们把注意力放在你发射出的愿望上，这些愿望也把你塑造成现在的样子。当你把注意力放在你的情绪上，持续寻找能给予你最佳感受的想法，你就能随时随地地进入你的能量涡。在能量涡里待得越久，你就越想留在里面，因能量涡内部的生活是如此美妙。

你的吸引力只会允许你想要的东西进入你的体验。你遇到的人都符合你最佳的利益，速度跟不上你的事物没有机会碰到你。你会感到充满活力，头脑清晰，自信坚定。

你将发现别人最好的一面，不管他们自己是否能看到。你对生活的赞赏也会席卷你的全身。把注意力放在你特别欣赏的事物上，你就会有非常美好的感觉。

偶尔甚至经常，你会记起或观察到一些你追不上的东西，这时你的能量涡会把你吐出来。请不要惊慌，因为你已经有意识地进入了一个充满对比的环境，期待对比中浮现的新想法。出现第一个步骤（提出要求）是正常的，你很清楚自己不想要什么。但请不要忘记，在这些时刻，你会把具体的愿望投入振动缓存区。

从此之后，在你的努力下，抗拒都消失了，你可以轻松地找到回到能量涡的路，再次收获前面的对比带来的好处。

现在你已了解整个局势，你会在三个步骤的创造过程中收获信心，轻松完成。当某件事出现，使得你提出要求（因为现在你已经了解能量涡，也知道怎么进入），再也不会因为无能为力感到痛苦和难堪。无论你在途中遇到什么不愉快的问题，变好的愿望或要求会从你身上发射出来，解决的方法汇聚了所有互相效力的元素，等你进入能量涡。

你不必向其他人解释，事实上，就算你试着解释，他们可能也不理解你的话。但我们向你保证，读完这本书，你已经完全理解了你与能量涡的关系。透过你喜悦的人生体验，或许可以鼓励别人去探索书里的知识。

我们非常享受这次互动。

我们的爱永无止境，我们的喜悦永不完结。

——亚伯拉罕

The Vortex

第五部分

作者在线答疑

吸引力法则工作坊的文字记录

Where the Law of Attraction Assembles All Cooperative Relationships

吸引力法则：
宇宙运行的秘密

　　所以，等同本源能量的你继续把注意力放在无形的事物上，另有一部分的你进入了有形的身体。对比帮助你知道你不想要什么，反过来也让你搞清楚自己想要什么。有时候你确实知道自己要什么，也确实知道自己不想要什么；有时候你不清楚自己要什么，也不清楚自己不想要什么，但对比一定会引起振动频率的聚焦。

　　现在，无论你是大声宣之于口，还是依靠文字，你明白了你想要从体验过的对比中得到什么。你仍在散发相关的振动信号。许多人说："哦，得了，振动信号长，振动信号短的——这对我来说没有任何意义……"我们会说，振动信号对你来说意味着一切，因为你生活在一个由吸引力法则掌管的振动宇宙中，吸引力法则响应大量的振动频率，管理这些频率，对它们进行分类，然后将相似的振动汇聚在一起。所以，重要的是你要承认你的存在就是一种振动频率，不断散发着愿望的振动信号。有一件非常重要的事情，你可能已经忘记了：你从有形的身体发出你想要什么的振动频率，你知道自己不想要什么。当你想着一个东西，你会同时发出你想要什么和不想要什么的振动频率，且两者频率相当。

　　如果你没有足够的钱，那么你缺多少钱，你就会要求多少钱。（你明白了吗？）如果你有点不舒服，你就会要求让自己稍微好受一点。如果你病得很重，你就要求身体大幅好转。换句话说，如果你把注意力放在物质的体验上，你不想要的部分展现出来的方式，就等同于你想要的。（这样说你能稍微理解了吗？）

不管你是否说出口，这种信号都会从你身上发散出去。发出振动频率后，你属于无形本源能量的部分就会倾注于你新增或想要变好的愿望。而你，从你的无形角度来看，已经扩展到那个新的位置——就是现在。

这种情况发生时，意味着更大的你发出振动频率（哦，它是你更大的部分，永恒的、无形的部分）……更大的你因为体验过的对比，改变了你所发出的振动频率。啊，太好了。如果体验过对比的你，能让愿望的振动频率符合无形的你，你现在就能体验到非常快乐的时刻，但一般人通常做不到。

知道你不想要什么，会使你知道自己想要什么，但通常你会反其道而行，不把注意力转向你想要的东西，而是不断想着你不想要的东西。这并不是一件坏事，真的。只是，如果你一直这样做，它对你没有任何帮助。换句话说，刚刚发生的事情本质上是生活在让你扩展，但你没有去做。生活让你变得丰富。你还在辩解为什么你想要更多，辩解为什么你值得更多，哀叹你为什么没有得到更多，又因为没有得到感到难过，抱怨人有我无，一直强调这里没有你想要的东西，所以有多糟糕；抱怨自己被困在这里，说你在这里被困了多久，其他人在这里被困了多久。你们抱团取暖、怨声载道……而你想去那里。

这里充斥着控诉的声音："我们在这里，我们就在这里，我们还在这里，我们总是困在这里，但那些家伙却在那里，他们肯定做错了什么。他们一定是做了什么见不得光的事。他们一定在贩毒。他们一定是天生好命。他们肯定不比我更值得。我没有得到我想要的，我求而不得，我得不到。我的那份在哪里？我的那份在哪里？我的那份在哪里？"

所以，你站在（无意的）让你提出要求的振动频率中，但你却不从拥有的振动频率发出愿望，而是从匮乏的振动频率中提出要求。你看，这很正常，不是吗？当你得不到想要的东西，从匮乏的角度提出请求。你能感觉到吗？当你蜷缩在那个"我没有这样东西，我没有这样东西，我没有这样东西。我想要它，它在哪里？我想要它，它在哪里？"的振动中时——你能感觉到吗？这个振动与"我拥有我想要的东西"的振动频率背道而驰。

在你提出要求的那一刻，你内在的本源力量（哦，这个地方很重要，你们一定要认真听。因为这个部分解释了你曾经觉察到的所有情绪，或者每个人曾经觉察的情绪）……当内在本源和愿望的振动频率一致，而你的频率没有跟上时，你就会感觉到不和谐。

现在，让我们用一种你可以真正听懂的方式来解释：如果你要求的东西不超出你拥有的范围，内在的本源就不会因为你而发出新的振动频率，那你就可以留在原地，没有不和谐的地方。但棘手的是，整个宇宙的设定是为了让你扩展，你不能站着不动。每时每刻，无论你在哪里，都有对比使你扩展；如果你不跟随扩展的脚步，你就会感觉到撕裂般的对抗力。

那些你讨厌的朋友，
为什么能帮助你成长？

所以，当你感到高兴时，你跟着扩展了；在这个想法出现的同时，你跟着扩展了；当你感到爱时，你跟着扩展了；这个想法出现的同时，你跟着爱的思维；当你觉得有趣、兴奋、充满热情，你跟着扩展了……在这个时刻，你改变了原来的习惯，再也不让自己远离本来的面目。

如果在任何时候，你感到沮丧、愤怒或恐惧，如果你感到无能为力，如果你感到那些很糟糕的负面情绪，所有这些都意味着，在这一刻，你的思维中有些东西在起作用。你可能是在谈论某件事，你可能在博客上写着关于它的话——你的头脑中有些东西让你远离了真正的自己。你感到的负面情绪是你隔绝了本来面目的表现。说"隔绝"这个词语意味太强烈了，但我们想用它来引起你的注意。当你感到负面情绪时，就表示你的振动频率跟无形的你不一致。

还有一些很重要的事情你要明白：你看，如果生活没有让你扩展，那就不需要去追赶了。你说："没错，这正是我的观点。如果没有那么多对比，我就不会扩展。如果我不扩展，待在原地就好。"对此，我们会说不可能，因为你不能停下来站在一堆会让你不断扩展的选择中间。

The Vortex

我们都是永恒且专注的存在，这意味着你是关注自我的，我们每个人都一样。无论在哪一个存在的层面（哪怕是细胞层面）都无法停止追求更好，要更好，得更好。你看，这有点棘手，我们知道你可能会抱怨。但是事情就是这样的：如果没有对比，你就不会想要变得更好。最能让你变得更好的对比，反而是你停滞不前所用的借口。（这是不是很有趣呢？）

比如你有一个朋友（用这个词没有特别的意思）……你有一个朋友，长时间地打扰你。你无法摆脱这个朋友，因为你总是提到他，所以吸引力法则只能不断地让他出现在你生命体验里。哪怕你搬到地球的另一边躲避这个朋友，另一个人也会立马取代他的位置。因为当你的振动频率活跃时，吸引力法则就会把相关的事物带进来，然后重复。

所以，你有一个朋友让你觉得很困扰，结果让你得到扩展。这个朋友遵循他自私的本性，尽一切努力让自己感觉更好。所以，这个朋友在很好地促使你扩展，他就像是一块鲠在喉头的骨头，在那里卡住很长时间了。因为这段关系带来的焦虑，更广阔的你扩展了很多。你扩展了，扩展了，又扩展了。所以，我们断言，这个朋友，你不太喜欢的朋友，是让你的振动频率实现扩展的大功臣。你内在的本源因为这段不舒服的关系戏剧性地受益了。所以，这个朋友是你扩展的主要原因，但有趣的是：像大多数人一样，你现在以这个朋友和这种对比的体验为借口，不去跟上这个朋友给你带来的扩展。

这就是为什么你对这个朋友格外、格外、格外地生气，因为你们在振动频率上是密不可分的。换句话说，这个朋友是你扩展的伙伴，但你正在把关系中的鸡毛蒜皮作为你不去扩展的借口。这就是你为什么无法离开这个无赖，好像一切都是他的错。难道你没有注意到，当你遇到这种情况（几乎每个人都会遇到），可能是因为这个人，然后是那个人，然后是再一个人，然后是另一个……

换句话说，似乎总有某个东西可以被你拿来当借口，不让你自己享受美好的感觉。就像在说："如果我能把这最后一个无赖撂倒就好了。人生中没有无赖，我会感觉很好。"

我们说：你不能摆脱世界上让你烦恼的某件事情。你必须摆脱让你烦恼的振动频率。当你摆脱让你烦恼的振动频率——让你烦恼的事情也就消失了。

但是，你不能从你的振动中摆脱任何东西，因为在由吸引力法则统治的宇宙中，没有被排除在外的因素。宇宙靠着吸引力运作时，只会不断纳入。也就是说，当你看到你想要的东西并对它说"好"时，你就把这个东西纳入了你的振动频率。但是，当你看着你不想要的东西并对它喊"不"时——你也将这个东西纳入了你的振动频率。要停止吸引你不想要的东西，唯一的办法就是把注意力放在你想要的东西上，但你必须迈出这一小步。

我们真的想以一种让你比较没压力的方法来告诉你：如果你对某样东西产生活跃的振动频率，而你也把焦点放在它上面好一阵子了，那么你无法像切换电台频道一样，突然转到另一个频道。换句话说，你只能在情绪刻度上一点一点地增加。如果你已经把自己训练好了（·"训练"真是一个很好的说法），训练自己将频率调整成对某件事物的抱怨……我们知道，这是符合情理的。你不是在胡编乱造，你是真的观察到了一些东西。我们知道，他们本可以更友好。如果他们真这样做了，你只需要看着他们，就会感觉更好。你知道的，因为你的生命中总有一些可爱的人（不那么多，但确实存在）。他们中的大多数都不到两岁（开玩笑啦）。但是你生命中真的有一些非常可爱的人……他们可能有皮毛，或者有羽毛。（这也是个玩笑。）他们中的大多数人无法控制自己的振动频率。所以，当你对某人说："我需要你总是和你的本来面目保持一致。这样，当我看着你时，我就能和我自己的本来面目保持一致。"这简直是无稽之谈。

你应该要控制自己的振动频率，对每个人说："你们的任务不是达成一致的频率，好让我感到快乐，这是我自己的任务。不论是过去、现在还是未来，我都应当环顾我所在的环境，寻找和我本来的面目相符的事物。"换句话说，朋友，你总是在错误的地方寻找爱。你要寻找的是扩展后的你，符合本源能量的你，有爱的你——把自己的振动频率调整成那样才对。

所有相互效力的元素
正在聚集

因此，我们可以说，你正在用_____（任何事物）为借口，让你的振动频率不符合本来的面目；你正在使用你的引导系统，也就是你的情绪。你的情绪就是你的指示器：你感觉越好，你与本来的面目之间的差距就越小；你感觉越糟，你与本来的面目之间的差距就越大。如果你长期抱怨并且感觉不开心，这意味着你已经训练自己进入了一种振动状态，这种振动状态下的你不允许你的生活真正变好。所以你会说："哎，我要抱怨的事情可太多了。"

我们说，你可能确实有。因为当你训练自己进入了一个充满抱怨的振动状态时，你的思维习惯就会阻碍幸福。

然后你说："那么，我该如何消除这种训练结果呢？"

我们说，只要有机会，就自觉地、用心地针对你面前的一切事物，找出最好的想法，要得到最好的，而不是最糟糕的。不断告诉自己"要是……就好了"，而不是"要是……就太可怕了"。要说"我真的很喜欢这个东西"，而不是"我不喜欢这东西的……"

如果我们说服你相信，你就是本源能量振动频率，它在有力地召唤你去享受你应得的幸福；如果你愿意感受并聆听振动频率的召唤，并且持续朝着让你感觉良好的想法前进，在你还没发现前，无论内心有什么想法，你都能抹平有形的你和无形的你之间的振动差距。然后你就会成为你生来就应该成为的那个存在——充满喜悦，不断进步，志得意满，跟随直觉，拥有爱、活力和激情。只要你理解了它的运作原理，这就不难达成了。换句话说，如果你不明白你就等于本源能量，当你进入有形身体后，如果你不能让自己与本来面目同频共振，那么你就不会有好的感受。

进入强大的
吸引力能量涡

创造过程是这样的：你是本源能量。一部分的你进入有形的身体。你和其他人产生联系。你不断地发射欲望的振动火箭，而你内在的本源部分会接收这些愿望。

现在，你是否已经明白，周围存在的一切都是之前振动频率延伸或扩展后的版本？所有东西在变成思维形式或物质形态之前，都是振动频率。所以，就算你看到的这个世界在轨道上转动，它之前也只是一种振动的概念。现在你在这里，完完全全是人类中的一员，有有形的身体，从振动的角度诠释这个实体……周围你所知的事物，都是有形的东西——它们只是思想的扩展。

你未来将要发生的事情，就振动频率而言都已经实现了，就在你的振动实体里（也就是我们前面说过的振动暂存区）。现在，也许会有一些人嘲弄道："哦，振动实体。"我们会对这些人说，你不能嘲笑振动实体，因为所有的"实像"都来自振动实体，而且如果你愿意随顺，就会立刻看到。

你们正处于时空前沿，在许多情况下，思想从萌芽到成行，不过是几秒钟。因此，在许多情况下，你的想法几乎能够立刻产生出来。你可不是刚开始进行创造的新手，而是经年的创造行家，在进入有形的身体之前，你就完成了多次伟大的创作。你呱呱坠地，还没学会行走，就已酝酿出振动暂存区。现在，通过你刚才和某人的对话，看到的电视节目，读到的一本书，看过的一部电影，产生的想法，你一直在为这个振动暂存区做出贡献。它在酝酿。不，它在旋转。它是一个巨大的吸引力能量涡（现在，你已经听过了吸引力法则，不过少有人能了解吸引力法则的力量，知晓这是创造世界的法则）。所以，这里出现了不断旋转的能量旋涡。它是怎么出现的？你在出生前就已经把能量灌注到这里。出生之后，你每天都会继续灌注能量……

因此就有了这个正在形成的能量涡。这个造物的能量涡，这纯粹的振动频率集合了你想要的所有东西，你一直在请求修正的所有细节。这股振动频率不断旋转，旋转，旋转。吸引力法则正在召唤所有事物（听好了），所有相互效力的元素。

这是什么意思？相互效力的元素指的是"与振动频率相匹配的事物"。你没有爱人，于是请求一段姻缘；你的爱人没钱，于是请求一个更阔绰的伴侣；你的爱人不太喜欢你，于是你请求一个真心爱你的人；你的爱人和你的价值观不匹配，于是你请求一个和你三观一致的爱人。

　　换句话说，你一直在打造振动缓存区。这个缓存区发出的振动频率非常活跃、真实，也不断发出吸引力。因此，这里就是你对一切万物的愿望。而在那里，你的愿望被接受了，开始萌芽……不，你的愿望被听到了……不，你的愿望正在被内在本源实现。吸引力法则，这个创造世界的强大法则，正在汇聚所有互相效力的地点、人物、事件、东西；所有满足你请求的必要条件都被这个强大的吸引力能量涡吸引过来。

　　我们想问你的是：你是合作的吗？你在和自己的愿望合作吗？

　　"不，我无法合作，也因此感到沮丧。"

　　"你的振动频率与你爱人匹配吗？"

　　"不，我对我现在的爱人感到愤怒。"

　　"你的振动符合你想要的幸福吗？"

　　"不，我加入了一个在线聊天室，我们成天聚在一起诉苦。我们整天抱怨事情有多糟糕……不，这个有形的我，是我创造出来的最不合作的元素。"

　　"那么，你的创造出了什么问题？其他人也一样吗？不，其他人有他们自己创造的能量涡。"

　　"那么，我的创造会消失吗？"

　　"不，它只会变得更强大。"

对比其实
不是问题

我们希望你达到愿意的境界……但不仅仅是愿意，还要下定决心……又不仅仅是下定决心，还要充满渴望……放弃对无法控制的事物的控制——比如其他人在做什么——并将你全部的注意力放在你唯一能控制的事情上，也就是你当下的感受。换句话说，我们希望你能在离开这次工作坊时说："我决定接受任何事，并尽我所能做到最好。"

从来没有什么事情会真的出错，因为每一段对比，无论它看起来多么错误，总是在帮助你厘清你真正想要的是什么。这就是我们最想让你们记住的事情：对比，无论哪时哪刻，看起来如何，都极大地促进了你的扩展。而你所说的生活中"出错的事情"，其实只是完全正确的东西跟你当下的相关想法之间的距离。换句话说，如果你能接受你已经积累了一大笔振动财富，准备立即展开探索，那么你只要愿意看向你想要的东西，可以立刻投入。你再也不会转头看向你不想要的东西，生活会对你笑脸相待，立即生效。

这是我们给你的最有力的信息：你应该觉得生活是美好的。你活着，无论你知道不知道……当恩典像飓风一样向你袭来，响应你的所有的愿望，你只能全盘接受，始终如一。没有谁被排除在外，人人都应该领受恩典。你们所有人都在这场幸福飓风中。当你理解这一点，哪怕只是看到一丝丝的迹象，你也会起立接受这种向你奔涌而来的幸福感和价值感……要抓住这一丝迹象，最佳的方式就是站在这里，尽你所能寻找你周围事物最美好、最积极的要素。寻找值得欣赏的事物，即使没有那么多。寻找让你感觉良好的事物，即使有更多让你感觉不好的事物。尽你所能，将你的注意力集中在你的日常生活中最好的事物上，下定决心调整自己的振动频率符合这些事物。

> 今天，无论我去哪里，无论我做什么，无论我和谁一起做，我最重要的目的都是要寻找给人良好感受的事物，无论是看到、听到、闻到、尝到、触摸到的事物。我的最重要的意图是寻找、体验、赞扬、谈论并陶醉于我现在能找到的最美好的事物。

当这成为你的口头禅，你就能把自己调整成所能找到的最佳振动频率上，然后还要更好，愈发好，达到最好的。这样在不知不觉中，你的振动频率就几乎跟振动实体的振动暂存区里的事物一模一样了。

准备好进入
能量涡了吗?

　　这个振动实体不断旋转,不断变化,如果你觉得愤怒、恐惧或绝望,你就离它很远。当你靠近希望的边缘,开始感到有希望时,你就进入能量涡的范围内了。当你开始感到有希望,它就在吸引你,不断地吸引你。一旦你开始相信或期待好事发生——你就在能量涡中了。一旦你到了那里,你就再也不是唯一的创造元素。现在,你开始发挥力量,成为创造的一部分。现在,你有机会获得财富、活力和清晰的头脑。你能找到美好的伴侣、友善的邻居,得到你一直期待的事物。一旦你开始接近让你感觉美好的事物,你就可以和你所求的一切会合。你可以训练自己——在一天内就能做到。

　　明天,你的振动频率就会跟本来的面目非常贴近,你也会看到证据。你将开始看到变化:银行账户里的数字会越来越接近你想要的目标;你的邻居们会更加配合你……当你控制自己发出的振动频率时,你就控制了和你相遇的事物;当你开始关心自己的感受时,你就控制了你发散出的振动;当你开始关心自己的感受,并让你的感受朝着最好的方向倾斜时,你就能在很短的时间内,让你的振动频率符合你现在的面目。然后,看到你的人会说:"你怎么了?你看起来总是很开心,每次我一回头,都能看到好事出现。"

　　你说:"我进入了能量涡。"

他们说："什么？"

你说："是的，我进入了能量涡，我在能量涡里。"

"什么？你怎么进去的？门在哪里？我也想进去。"

你说："嗯，你得自己找，你得通过感觉进去。没有剧本，没有详细的指导手册，没有明显的门，没有组合锁。你只能靠感觉，知道你的路就在那里。"

"那么，你怎么知道你是否在正轨上？"

"因为我的感觉比之前更好了。它告诉我，它想要报复。"

"嗯，你的方向也许没错。那么在报复之前，你感觉怎么样？"

"在报复之前，我感觉无能为力。但现在我想要报复。"

"好的。你在通往能量涡的路上。"

"我想要报复，而我正在通往幸福能量涡的路上？"

"是的，是的。只要不回到无能为力的状态，你就是在通往能量涡的路上。"

"报复之后是什么感觉？"

"愤怒。很多人让你非常生气。"

"哦，我已经经历过了。"

"嗯，再回去那里，因为当你生气时，你就在通往能量涡的路上。愤怒比报复更好，它更接近你的能量涡。"

"那之后是什么？"

"挫折，不知所措，琐碎。"

"嗯，嗯，我好像有点明白了。那之后是什么？"

"希望。"

"很久都没有这样的感觉了。"

"那么，期待它。期待希望，因为当你（你可以说给你的朋友听）接近希望时，你就会进入能量涡。偶尔（每天）会发生一些事情给你证据，证明你是一个自主创造者，创造了你的生活体验。如果你能在希望周围徘徊，即使只在两三个问题上，你也能进入能量涡。这会让你开始相信，如果你能找到通往希望的路——这并不难——你就会足够频繁地进入能量涡。"

你的朋友会问："相信什么？"

· 你将开始相信思维的力量。
· 你将开始相信宇宙的美好。
· 你将开始相信你存在的价值。
· 你将开始相信本来面目的力量。
· 你将开始相信合作的吸引力法则。
· 你将开始相信一切皆有可能。
· 你将开始相信你是自我实体的创造者。
· 你将开始相信你可以通过关注你的感受来控制你的头脑。
· 你将开始相信你可以拥有任何事物。

"这就是我所知道的，"你会告诉你的朋友，"现在我已经进入能量涡了。"

能量涡是什么？就是用振动频率宣告你现在的面目，宇宙间所有相互效力的元素都已经汇聚到那里，在那里等你。你不觉得高兴吗？等待你，等你到来。

那么，还有什么阻碍呢？"我不喜欢这个，我不喜欢那个，那个我也不喜欢这个，还有那个。"这真的微不足道，一点都不重要，只是琐碎的小事情，你从每日的体验中，把它们搜罗出来，当作你不进入能量涡的借口。这不就是懒惰吗？你可以轻而易举地寻找一个充满希望的想法而不是悲观的想法；你可以轻而易举地找到赞美而不是贬损……不，让我们从一些更简单的事情开始。你可以轻而易举地寻找良好的感受而不是不好的感受。这很简单，就像开关电视一样容易。

吸引力法则
和基于法则的前提

所以，我们相聚在这里，无论你是读了我们所写的内容，还是听过我们曾经讲过的任何话，我们都希望你明白，我们提供的一切信息，以及埃斯特从我们的振动频率中解读出来的每一个字，都是为了帮助你再度觉察到符合宇宙法则的有效前提。当你明白法则的意义，用你的知觉去测试法则，法则就会向你证明这些真理的有效性，毫无例外：

· 你是自我实体的创造者。

· 你在进入有形的身体以前，就很有价值了。在这个世界上，不管发生了什么，你都是有价值的。

· 你是无形的本源能量的振动，而不仅仅是在这物质世界中的肉体、血液和骨骼。

· 吸引力法则平等响应每一个人。

· 吸引力法则对所有人和事都做出响应，同类相吸，因此无论活跃着的振动频率是什么，吸引力法则都会带来更多与之相匹配的事物使这个振动频率更加活跃。

· 你就是本源能量，你的观点能得到吸引力法则的响应。你在这思维的尖端，在这充满完美多样性的实体里，把注意力放在有形的事物上，你是领先、真实的创造者，吸引力法则也会响应这个层面的你。

· 当吸引力法则同时响应有形的你和无形的你，你将感受到这两个振动关系的和谐或不和谐。你感觉越好，你的有形部分和无形部分就越同步；你感觉越糟，你的有形部分就和无形部分就越不同步。

· 当生活让你明白了你不想要什么时，它就同时让你知道了你想要什么，无论你是否说出来。当知道了自己想要什么时，你就发出了一个振动请求，你更广阔的部分接收并响应了它，并立即使之成为现实——在那一刻，吸引力法则也立即开始响应你刚形成的振动频率。

· 不断聚集的振动现实是真正的你。还有有形的实体，能碰触到的、显化的、具体的现实，一个"我可以看到它，尝到它，闻到它，听到它，触摸到它"的现实；这个实体与振动现实只是略有不同，因为已经显现出来……你已经思考它太久了，久到足以让它显现出来，让你意识到你的振动频率。

· 你生活中的一切体验彰显出你所有的振动频率。

· 你所拥有的幸福，在不断地成长、扩展，它是如此博大、长久（因为它是永恒的），所以幸福一定会来到，但有些人必须先经历挫折才能体验幸福。

我们在吸引力法则工作坊中常常强调随顺的艺术（即找到与本来面目相符的振动频率），我们举办这个工作坊是为了帮助你与真正的你同频共振。按照你的意图生活，成为上升的、感觉良好的、纯净的、产生积极能量的辐射器。

在有形的实体中，最容易被误解的前提是，当有人做了什么你不赞同的行为时，你应该明确地指出来，否则你可能会经历更多此类事件。但实际情况是，你越是指出你不想看见的东西，你就越是让自己陷入一个持续的振动模式中，这不能让你如愿以偿。

我们想在你内心激活一个最强大的前提，我们向你保证，这个前提将给你生命中的每一天带来帮助：信念只是我持续想着的一件事。信念只是我将来还会去想的一件事。信念只是我的思维习惯，它是一种经过练习的想法，是常常跑进我脑袋里的想法。

那么，这为什么很重要？因为当你想要某件事物，而你的信念与之相反时，相反信念就会阻止你想要的事情发生。当你想要某个东西，你真诚地相信它，没有与之背离，这样你就发出了一个信号，吸引力法则就会立刻把它带给你。但是，当你想要某个东西，心中却怀疑它。你想要它，却不相信它，你就在发出相反的振动频率，会让自己在等待中度过一生。

"我想要它，但是……""我想要它，但是……""那很好，但它不会发生在我身上……""我真的很想拥有那个，但我已经想了很久了……"当你不断说这些话，当你继续接受现实、强调现状时，你的内心就激活了一个振动模式。（正如我刚才说的，信念只是我持续想着的一件事。）

信念只是你持续想着的一件事——是它阻止了你得到你想要的东西。信念只是你持续想着的一件事。信念会让你远离本来的面目，得不到自己真正想要的东西。信念只是你想了又想的东西。（你记下来了吗？）

"如果信念只是我持续思考着的一件事，而我持续思考着的东西与我想要的东西相反——那么我得不到我想要的东西，就是因为我一直以来的想法与我想要的东西相反。"

这不是很有趣吗？显而易见但真的很有趣，一种全新的决定性的方式。"所以，如果信念只是我持续想着的事，我有没有可能训练自己一直想着一件我本不相信的事，想的时间长了，我就会开始相信它？如果信念只是我持续想着的事，为什么不构建一个充满希望的想法？"

"这很愚蠢，亚伯拉罕。事实不是这样的。事实是……"

哦，好吧，那就是我们谈论的虚假前提，不是吗？真是阴魂不散啊。

"所以，你的意思是，我一直是在错误的前提下构筑我的生活，因为我关注现况，在关注我不想要的东西？"

连埃斯特偶尔也会说："但是，亚伯拉罕，真的是这样，这才是现实。"就好像你关注的东西真的有什么存在前提。

信念只是你持续想着的一件事。而你，作为人类，又怀抱着那么多无用的信念，其中最重要的是：我没有价值……先苦才能后甜……我一定是生错了星座……这就是业力……可能是我妈的错……是政府的错……你想相信这个虚假前提，不是吗？都是别人的错。如果他们改变了，一切就会不同。

我们想对你说，只要能记住，信念只是你持续想着的一件事，你就能找回你的力量。"信念只是我持续想着的一件事。信念只是我持续想着的一件事。信念只是我持续想着的一件事。我开始相信了。信念只是我持续想着的一件事。信念只是我持续想着的一件事。当我生出一个想法时，它就激活了一个振动频率；当一个振动频率被激活时，我的吸引力就启动了。所以，如果我持续想着这个相同的想法，持续激活这个吸引力点，吸引力法则就会持续响应这个活跃的振动频率，那么我将一直得到相同的结果。不是因为它们是真实的，也不是因为这是现实，只是因为吸引力法则会对我持续思考的东西做出回应。"

如果你一直想着一件事，得到的响应却不是你想要的，换一个想法不是更好吗？

"噢，但是亚伯拉罕，这不合逻辑啊！你想让我想不切实际的东西，你想让我把头埋在云里或者沙子里，你想让我假装不存在的东西是存在的？"

是的。

"你想让我去幻想吗？让我纯靠想象？你想让我说不切实际的话？"

是的。

"我明明是个胖子，却要假装自己很苗条？"

是的。

"我明明个穷光蛋，却要假装自己很富有？"

是的。

我们希望你一直想着合乎你愿望的东西，直到你相信它们。当你的想法符合你的愿望，而你真正相信了它们，宇宙的力量就会为你提供证据。如果你非要先看见才肯相信，那它就来不了。

什么是信念？

"信念只是我持续想着的一件事。"

所以我们刚刚说什么了？你必须持续想着这件事，直到它成为真实；你必须持续想着这件事，直到你相信它——当你相信它——它就是真的，就是这么简单。（我们完成闭环了。）那么，是什么让你分了心？现实，事实。那又怎样？你看到的一切，你称之为"现实"的东西，只是凝固的、拼凑的、组合的想法——某些人思考了足够长时间的想法。

当埃斯特问："亚伯拉罕，我之所以会想，是因为它是事实，不是吗？"我们说，所有的事实只是足够多的人，或者一个人投入了足够长时间的关注，让它变成一个想法，然后继续思考它，思考它，思考它，思考它——直到它吸引了与它对等的东西。

你相信周围形形色色的许多事物都符合你的愿望，你也相信周围很多事物会让你的愿望落空。那么你要如何分辨它们？你怎么知道你内心活跃的信念是在服务你，还是阻碍你？你怎么知道那是有益的信念，还是有害的信念？想到有益的信念，你的感觉会更好；想到有害的信念，你的感觉会更糟。

"哦，但是亚伯拉罕，我的脑子里有很多想法，但我确实感觉不到什么。"

继续想，它们就会变得更强大，很快你就会明白。这就是吸引力法则的美妙之处：在早期、微妙的阶段，你可能感觉不到差别。但你思考的时间越长，想法就越活跃；想法越活跃，吸引力就越大；吸引力越大，结果就越明显……这是适合创造者从事创造的完美环境，而你来到世界时就已经知道了。

那么，你们还要讨论什么？我们渴望与你们谈论你们觉得重要的任何事情。没有什么是不能说的。这将是一次完美的展开。不要担心你有没有机会上台，因为有人也想谈论你想要谈论的问题。

在你们的身体来到这里之前，这场集会就已经开始了，所以你想要谈论的任何事情，在这里都会得到完整的解答。一个小问题是，你是否能接收到我们的信息。在揭露新的想法时，你或许接受得到，或许接收不到，我们会尽全力吸引你，让你能完全吸收。嗯……我们将度过非常美好的一天，就从这里开始。

孩子需要努力才配得上幸福吗？

提 问 者： 我们有个孩子，现在六岁了。他和我们住在一起，我们叫他亚伯拉罕的小孩。他从创造而来（通过随顺），他充满喜悦，非常特别。我现在处于这样一个阶段，我相信他可以得到他想要的、渴望的一切，但当他向我索要什么东西时，不知道为什么，我就是不喜欢。"我可以要个玩具吗？我可以要那个糖果吗？我可以要这个吗？我可以要那个吗？"我内心很矛盾，我想说："给你钱，去买你想要的。你当然可以得到你想要的东西。"我的意思是，他不曾要求什么坏东西。只是我在试图……不，我不知道我想做什么……但是慷慨奉献真的很难。然而，根据我对亚伯拉罕教导的理解，我想这个孩子应该得到他想要的东西。如果我们有能力满足他的要求，而且这个东西没有害处，为什么不能给他呢？我处于两难之间，然后我想，等等——孩子想要什么你就给什么吗？

亚伯拉罕： 好吧，听起来我们即将来到另一个错误的前提：不打不成器。（是的，是的，你最近经常打他吗？）

提问者： 如果你问他，他会说是的。

亚伯拉罕： 我们明白，这是你从我们这里学到的前提。换句话说，你听过我们在无数场合说过，当你为别人做事时，就好像在说"我帮你做这件事，是因为我觉得你做不到"，所以这就是你内心感受到的矛盾。你想要发出振动，但你不想成为他的幸福的、流过的、唯一的能量涡。

但如果他是出于纯粹的期望而提出请求，而你有想要满足他的冲动，那么你就只是宇宙发出的顺随元素。换句话说，你和你的助益已经被吸引到他的振动缓存区中，你是帮助他实现愿望的效力因素。

所以，我们要对你说的是，你唯一需要注意的是，如果你是出于给予的愿望想满足他，而不是出于责任，那就绝不会失调。换句话说，如果他出于纯粹的渴望和期待提出请求，你几乎无法拒绝。但如果他内心不和谐，要东西只是为了满足内心的空洞，只是因为他觉得少了什么，那你就会感觉到不对劲——那么这件事就是不对的。

提 问 者： 有时候他开口要，心里却想着我们可能不会给他，所以他的内心也不一致。

亚伯拉罕： 没错。你也不想用错误的前提打乱他的计划。换句话说，如果的立场是不期望你给他那样东西，你推翻你的引导和他的引导，给他那样东西，你就立下了错误的前提，所以你才会觉得困扰。（提问者：是的，这很困难。）所以你要不断地对自己、对他以及对任何人说："当你调准频率时，别人就无法拒绝你，我和宇宙间所有的元素，都会为你效力。但是当你没有调准频率，你乞求，恳求，渴望，但你提出要求的立场失去和谐，你的愿望就很难实现。"

这是你想要传达的大概的意思，不管他是否足够成熟，能否听懂你的话，但这就是你要通过清楚的方式来表达的前提（现在假装我是你。）我的目的是要和我的本源保持全然一致，任何与此相匹配的东西都会把我们所有人带到同样靠近的地方，看着本源在我们面前顺利展开，但我不想一天到晚弥补你失调的地方。所以，我始终希望你能与自己的振动保持一致的频率。你的同频是你给自己、给我的最好的礼物。我的同频是我给自己、给你的最好的礼物。这就是我想要表达的。

你做得到，他也能理解，你只需要问一个简单的问题：你想要什么，为什么想要它？当他解释说，因为他没有，所以想要。你会开玩笑地说："嗯，这个理由怪怪的。你没有，所以想要，那我就想站在没有的那一边。如果你觉得很有趣，所以想要，我就想帮你一把啦！"这就是你想要向他表达的。

提 问 者： 说得太好了。是的，就是这样。

亚伯拉罕： 他已经开始明白了，但因为你不够坚决，所以他也很困惑。

提 问 者： 是的，你说得对。我觉得我阻碍了他的创造，所以……

亚伯拉罕： 嗯，你可以对他说："你知道吗，如果你不让我干扰你的平衡，或许你能够创造出更多。因为我……"

提 问 者： 嗯，我就是这么想的。就让他拥有那个东西，我为什么要干涉？

亚伯拉罕： 因为有趣。

提 问 者： 哦。

亚伯拉罕： 为什么他在你的生命里？

提 问 者： 因为有趣和快乐。

亚伯拉罕： 因为有趣……换句话说，你们都在彼此的振动缓存区中，吸引力法则把你们聚集在一起。吸引力法则也会在把其他东西聚集在一起，这很有趣，对不对？但也有一个错误的前提，比如"我不想宠坏他，我不想让他感觉他只要开口，我就会给他"。我们说，为什么不呢？

"嗯，我会陪在他身边，因为疼爱他……我一定会给他想要的东西。但是当他进入现实的世界，他就会尝到苦头。"

我们说，假如因为他频率不一致就不给他他想要的东西，他还是不可能轻松地面对吸引力法则为他建造的世界。如果他的频率失调，你的频率也失调，你就没有办法给他他想要的东西，也没办法帮他准备好面对吸引力法则展现的方式。

在你们的家里建立一个核心，模仿你心中的吸引力法则，然后让你跟孩子准备好可能要面对的一切。如果父母用错误的前提曲解了宇宙的法则，就会让孩子们在进入现实世界时毫无准备。

同频是最重要的元素，其他一切甚至不能说是次要的，而是远远地、远远地、远远地在列表的最下方。有很多人（就是我们要讨论的错误前提）在决定什么是对、什么是错的时候会忽视了频率一致的问题，但一致的频率才是最重要的。

我们知道这很难。你说是就是吧（因为很多父母都爱这么说），因为你试图为你的孩子制定基本规则。你希望他们茁壮成长，不希望他们在街上瞎玩，不希望他们吃有害的东西，不希望他们跟公园里的坏孩子玩。换句话说，你感觉需要防范各种各样的事情。我们只想对你说，当你通过一致的振动频率教导孩子寻找自己的频率时，这就成为你与他们关系的基石——你给了他们一些可以终身依靠的东西。

所以，当孩子向你要你觉得不太妥当的东西时，完美的答案是："你知道吗？我不知道为什么，可是我觉得这真的不好。我向自己保证过，尤其是关于你的事——如果感觉不好，我就不会去做，除非我能达成一致的振动频率。所以，如果我能让自己觉得这件事听起来不错，表示我跟内在的自己已经达成频率一致了，那我们就继续。但在那之前，不要叫我做我觉得不恰当的事。"这就是你想要给孩子们树立的榜样。频率不一致时，我永远不会采取行动。当某件事让我感觉不好时，我永远不会采取行动……我绝不会在感觉不对的时候做事——这与你想不想要无关——我就是不想做让我觉得不恰当的事。

当你的小孩在操场上或任何地方玩时，有人想说服他做某件事……然后他说："我不会做我觉得不恰当的事情。"听见他这样说，你难道不高兴吗？（提问者：我喜欢。）"我从来不做……"

"跟我一起去这家店偷糖吧。我经常这么做，真的很好玩。"

"我永远不会做感觉不对的事。"（提问者：太好了！）

"哦，来吧，来吧，我们不会被抓到的。没关系的，只是打破一个小规则，没有人会知道。"

"我绝不会做感觉不对的事。"

"为什么呀？你胆小！"

"嗯，现在我感觉更不对了。你让我感觉不对。我不想和你玩了，你让我感觉不对。我不会和感觉不对的人玩。我也不做感觉不对的事。我对一致的频率上瘾。这是我从我爸爸那里学到的。"

你有没有听别人说过："我打赌你不会那样做。"然后你就想，你最好相信我不会那样做。我不能抵挡你的攻势，我无法直面你的负面期待。有没有人因为他们自己不想做某件事，就强迫你去做？这样说也许夸张了点，我们只想让你意识到，如果你想让孩子到某个地方，你必须自己先去。

提 问 者： 然后在那多待一会儿，对吧！

亚伯拉罕： 哦，你不需要在那里久留，你只要了解吸引力法则（你已经了解）然后摆脱所有的错误前提。记得，你能鼓励别人做某件事，但无法一直如此。

如果你扩展了，更有力了，如果你告诉他们结果够好够大，他们就会投入。你甚至可以驯服一匹野马（马还不够大吗？），但你永远不可能训练出自在喜悦的马匹。但是当你看到最好的一面，走到你心中对他们感觉最好的地方，调整频率并

发出信号，你就变成了鼓励的一部分了。你明白
了吗？

*有人认识你，然后爱上你，期待看到你最美好的样子，
你有过这种体验吗？你是否因此变得闪闪发光？如果没
有人爱你，你不觉得很难再像这样发光了吗？*

我们要告诉大家，其他人对你来说都是无关紧要的。我们希
望每个人都能从旁观者（包括他们的父母）的愿望中释放出来，
专心处理自己和内在本源振动频率的差距。但你是一个自主创造
者，除了生命本身，你还想要更多。你要让自己更熟练，然后传
授给你的孩子。（提问者：一点也没错。）这个男孩多幸运啊，
我们说的幸运，是说你能明白这个道理，跟运气没关系。但是他
真的很幸运，能来到这样的环境中，他的父母正在学习如何按着
始终一致的宇宙规则来体验生活，而不是被错误的前提蒙蔽。

提 问 者： 我想，你已经给了我非常好的答案了。不过既然我
坐在这里，我想问，如果我能和宇宙主宰对话（按
照你们的说法，我确实可以），那么你觉得养育孩
子最重要的三点是什么？

亚伯拉罕： 他现在就很完美了，并且正在变得更好……他来到
这里不是为了满足我的意图……我要把他随时放在
心里，这样我才会有很好的感觉……他没有责任讨
好我。这里一共是四点了。

提 问 者：　　谢谢。

恋爱关系中
是否该有适当的期待？

提 问 者：　　谢谢。我很高兴能有这个机会探索振动的频率。我
　　　　　　　　真的很需要。我看过很多你们关于亲密关系的讨论。
　　　　　　　　你们总是强调，不要依赖别人来满足你的需要。我
　　　　　　　　能明白这一点。

亚伯拉罕：　　因为他们每次都会让你失望，因为满足你的需求不
　　　　　　　　是他们的责任。

提 问 者：　　对。我明白，尤其是一开始的时候。刚开始是两个
　　　　　　　　人的情绪需求。不要指望别人让你变得完整，别信
　　　　　　　　诸如此类的话。因为这些年来我有过这样的想法。
　　　　　　　　还有许多人对承诺的理解和期望依然是"直到死亡
　　　　　　　　把我们分开"或者"过了这道坎，我就会快乐"之
　　　　　　　　类的。

亚伯拉罕：　　错误的前提，错误的前提，错误的前提。

提 问 者： 明白，你们的这些理论我已经非常熟悉了，所以……

亚伯拉罕： 我还没说完呢。

提 问 者： 你说这些东西不仅太僵化，而且不现实。这很有道理。

亚伯拉罕： 因为它们基于错误的前提。我真的想强调这一点。如果事物的根基已经腐败，就不能当作起点……肯定运作不起来的，这需要付出太多创造力，这不值当。

提 问 者： 显然，今天的重点是错误前提。但听起来，你们在描述这股动力时，感觉像是要说你们对一夫一妻制的期望。或者也期望某人在你遇到困难时给你支持，可能还有其他类型的期望。所以我的问题是：在一段符合实际，也不僵化的恋爱关系中，我们应该对彼此有所期望吗？

亚伯拉罕： 嗯，事情是这样的。当然，你可以在所有的选择里找出自己的偏好。你应当把你的偏好放在你的振动实体中，让吸引力法则聚合一切，收割自己耕耘的成果，而不是选择一个人，然后要求他们符合你的偏好。换句话说，你当然可以自发地筛选，非常明确地选择让你高兴的元素。所有这些都是美好的。只是，不要去要求那个人立刻拥有所有这些特质。这就是荒谬的做法了。

让你的振动暂存区渗透各处，全身心关注它，好让自己的振动频率符合振动暂存区。然后，吸引力法则把所有东西整合起来带到你面前——因为你的频率相符，没有任何需要解决的问题。

但是你描述的情况更像是这样：你筛选数据，定义你想要什么，但你却不努力让自己的样子符合你想要的东西。所以说，你把注意力放在你拥有的东西上，你的振动频率就不符合你想要的东西。现在你说："我没有足够的意志力去约束自己只看我想要的东西，我正在看我拥有的东西。所以我想，你需要改变以符合我所有的期待。如果你做得到，我就会变得完整。"这就是荒谬的地方。

不要去要求那些曾帮助你搞清楚你想要什么的人变成你想要的样子，好让你拥有你想要的东西。（哦，这太好了。）相反，让他们成为这个过程的第一步（提出要求）。用你的意志力和决断力，把注意力放在你想要的东西上——然后，宇宙就会把这些东西送到你眼前。

有很多人从错误的前提出发，看似在往前走，实际却是在倒退。他们说："如果你这样做，我就会感觉更好，你要是不愿意尝试，就是不爱我，我就会生气。"如果其他人也能说实话，他们会说："嘿，你想要什么不是我的责任。我的任务是为你提供对比，让你清楚自己想要什么。现在你知道你想要什么了吗？难道你还看不出来我不是这样的人吗？别想让我为了你变成那样。把注意力放在你想要的东西上，那东西就会来到你身边，别来烦我！"

"不，我就想让你变成那样。你激发了我的愿望，要不是你让我成长，我根本不会遇到这样的问题。我变成现在的样子，是你欠我的。"

以下的话值得你谨记在心：当你站在那里，知道自己想要的东西还没有出现，而你还没有学会怎样关注你想要的东西，你到处寻找激发愿望的事物。因为缺乏焦点，你感到不协调。有一种强大的倾向，在不知不觉中让你所拥有的东西成为训练你振动频率的催化剂。因此，你反复思索这个想法，跟你想要的东西不一样，但你却一直在想。因此，你生出一种信念，或者也可以说是长期的思考模式，让你远离自己想要的东西。

所以，理想的说法是，假设你跟某人的互动让你想要这个东西。如果你能把全副注意力放在你想要的这个东西上，你站在原地，宇宙就会把你要的东西拿给你。只要你调整好自己的振动频率，你想要而原本得不到的东西就会变成你的，如果不能实现，就不符合逻辑。

你提到了一些像一夫一妻制这样的词。如果你支持这样的制度，但是和你在一起的人不支持（或者相反），只要专注于你想要的东西以及你为什么想要它，宇宙必然会给你带来你想要的。

但如果你满脑子想的都是别人想要而你不想要的东西，那么，在不知不觉中，你就在训练你的振动频率适应了你不想要的东西，然后你就不能得到你想要的。你一直认为是别人的错，但只有在振动频率中活跃的想法，才会来到你跟前。

这只是用另一种方式告诉你，你必须让其他人卸下担子，你只需通过专注于你想要的，来培养自己有意识的思维模式。别要求其他人给你想要的东西，在这件事情上，你是唯一使得上力的人。只要让你的振动频率符合你想要的东西，然后，看看宇宙能在多短的时间里把你想要的东西带给你。愿望实现后，你就能过上你想要的生活，其他人也能过上他们想要的生活。这样，你就能让世界成为人们各自选择的样子，因为它无法阻碍你或妨碍你获得你想要的东西。它从来不能，但有时感觉似乎可以。

这就像我们过去常说的把辣椒酱倒进馅饼里的故事。"厨房里有辣椒酱，我知道它会跑进我的馅饼。"

"它不会跑进你的馅饼。"

"它就在厨房里，它有可能会跑进我的馅饼。"

"它不会跑进你的馅饼。"

"它在厨房里，它可能会跑进我的馅饼，如果它不在厨房里，我会感觉好得多。把它从厨房里拿出来，这样它就不能跑进我的馅饼了。哦，看，它在我的馅饼里！我告诉过你。我告诉过你的。我告诉过你它会跑进到我的馅饼，因为它就在厨房里。"

我们说，辣椒酱不可能因为只是在厨房里就会跑进你的馅饼里。它会进你的馅饼，是因为你无法把目光从它身上移开。它进你的馅饼是，因为你一直在谈论它，一直在激活它的振动。

别人想要什么其实不重要，重要的是你觉得他们想要什么。如果你能永远把目光落在你想要的东西上，不去看其他万物，宇宙就必须把你想要的东西带给你。这样的例子远比你想象的多。

通常，你可以从你生命中已有的元素，得到你想要的东西。你不必重新开始，只需要持续地去定义全新的振动频率。

你的期望和你所见之物之间的关系，就是你唯一能觉察的事物。（我们只想建立这个前提。）这很好。

提 问 者： 好的，谢谢。

亚伯拉罕： 不客气。

阿什维尔，北卡罗来纳州，周日的尾声

亚伯拉罕： 我们无法用言语表达对这次互动的美好感受。你们是领先的创造者，我们已经来到前人尚未踏足的地方。

将思维推向更深的层次真的令人振奋。今天，和你们这么多人达成和谐、实现同频共振，让我们感到非常满足。

我们在这里展开了一个主题，这次讨论我们觉得非常有成效，我们点明了许多错误的前提，并且用基于吸引力法则的正确前提取代错误的前提。在这里，我们想告诉你们最后一点：我们都太小题大做了。这件事其实没有那么难。放轻松，对自己好一点。做一些你觉得有趣的事情，寻找能给你带来抚慰的事情，自在平和地进入那个地方（你的能量涡），你想要的一切都已经为你安排好了。

我们的爱永无止境，和以往一样，我们的快乐永不完结。

避开"老人言"
的陷阱

错误前提 1：我要么是无形的，要么是有形的；要么活着；要么死去。

错误前提 2：因为我的父母比我多活了许多年，更因为他们是我的父母，所以他们比我更清楚对我来说什么是对，什么是错。

错误前提 3：如果我努力抗争，我不乐见的事情就会远离我。

错误前提 4：我来到这个世界，是为了用正确的方式生活，同时影响其他人做出和我一样的选择。我感觉正确的方式，必然是适用于所有人的正确生活方式。

错误前提 5：我比你年长，所以我比你更有智慧，因此你应该让我来引领你。

错误前提 6：进入这个有形身体后，我是谁就已经注定了。我生来注定要经历困苦的生活，才能获得更高的个人价值。

错误前提 7：只要足够努力，我就可以实现任何目标。

错误前提 8：要享有和谐的关系，我们必须拥有一致的愿望和信念。

错误前提 9：愉悦感来自行动。当我的感受不好时，唯有采取行动,我才能感觉更好。当我知道是什么原因造成这种糟糕的感觉,我就能离它远远的。一旦远离它,我就会感觉更好。只要远离了我不想要的东西,我就能获得我想要的东西。

错误前提 10:我不可能获得我想要的所有东西,我必须放弃一些重要的东西,才能得到其他的。

错误前提 11:远离了糟糕的处境,我就能找到我想要的东西。

错误前提 12:资源是有限的,我们只能从一个固定的资源池中汲取资源以满足自己的需求。因此,当我满足了自己的某种需求,就剥夺了其他人获得该资源的机会。所有的物力、资源和解决方案都是已经存在的,只是在等待被发现。如果有人先发现了,那么其他人就会失去这个机会。

错误前提 13:生活方式有正确和错误之分。所有人都应该找到并遵循一种被公认为正确的生活方式,然后强制执行这种正确方式。

错误前提 14:作为父母,我必须知道所有答案,这样我才能把答案教给我的孩子们。

错误前提 15:批评成功的人,我才能获得成功。